Irina Wittmer

Wo die Verkleidung Löcher hat

Irina Wittmer

Wo die Verkleidung Löcher hat

Achtzehn ausgewählte Erzählungen

VERLAG DONATA KINZELBACH
MAINZ

© Verlag Donata Kinzelbach, 2015
Stolze-Schrey-Str. 3
D-55124 Mainz
Tel. 06131-45662, Fax 06131-41088

kinzelbach@aol.com
http://www.kinzelbach-verlag.de

Umschlagfoto:
Edward Hopper: Compartment C Car 293

Covergestaltung:
Jens Vogelsang

ISBN 978-3-942490-26-9

Für Volker zum 40. Hochzeitstag

Vorwort

Die für das vorliegende Buch ausgewählten Erzählungen wurden zwischen 1988 und 2015 geschrieben und sind größtenteils im Hörfunk gesendet oder in Zeitschriften und Anthologien veröffentlicht worden.
Deutschland Radio Berlin hat *Leonies Schirm* für sein Abendprogramm als Hörspiel produziert. Alle Menschen und die Szenarien, in denen sie agieren, habe ich mir hier in meinem Schreibzimmer ausgedacht.

Es fing vor 27 Jahren mit *Rosa* und zwei weiteren Dorfgeschichten an, die zur Zeit meiner Kindheit spielen. Bei meinen Schreibanfängen war ich den Imaginationen und Emotionen heftiger ausgeliefert als heute. Zum Glück gab es damals noch keine Computer mit ihren rapiden Forderungen. Ein Blatt Papier von guter Qualität, Bleistift und Radierer wirkten mäßigend auf mein Gemüt.
In den Dorfgeschichten habe ich noch eher traumwandlerisch gearbeitet und bin beneidenswert sorglos mit der Sprache umgegangen. Neulich hat mich der Versuch gereizt, bei *Rosa* Umstellungen vorzunehmen und Bezüge zu verdeutlichen. Aber bald musste ich merken, dass beim Verrücken der Wörter ein Bild nach dem anderen umfällt, wie die Steine beim Dominospiel.

Den in diesen Erzählungen versammelten Menschen ist ihr Suchen nach Glück und Liebe gemeinsam. Man trifft sich heimlich in Paris, man lässt die Leiche des untreuen Gatten einmauern, man trauert ein Leben lang seiner ersten Freundin nach. Weggedrängte oder in Ferien geschickte Katastrophen kommen gestärkt und angriffslustiger denn je zurück.

Die ersten Erzählungen spielen Ende der fünfziger Jahre in einem Dorf. In der 2015 zuletzt geschriebenen Erzählung *Alles hat seinen Preis* geht es zwischen einer Stadt im Hinterland der amerikanischen Ostküste und New York hin und her.

Zuweilen empfinde ich beim Schreiben den Wunsch als Anmaßung, Menschen möchten sich für meine Erzählungen interessieren. Habe ich Ihnen tatsächlich etwas mitzuteilen, das den Erwerb dieses Buches und die erforderlichen Stunden zum Lesen rechtfertigt?
„Wo die Verkleidung Löcher hat, schimmert die Wahrheit durch“, so heißt der ganze Satz.

Mein Ziel ist, Sie mit meinen Erzählungen zu unterhalten während Sie im Zug sitzen oder in einem Wartezimmer. Ich möchte Ihnen die Zeit auf angenehme Weise vertreiben und Sie die Zumutungen der Welt mit heiteren, liebenden Augen sehen lassen.

Irina Wittmer

Liebhaber

RENDEVOUZ IN PARIS

Joachim sagte, du hast dich sehr verändert.
Als wir das Geschirr in die Küche räumten, berührten wir uns versehentlich, und ich bekam Lust, mit ihm zu schlafen. Er machte es, wie es immer seine Gewohnheit gewesen war, und dann gingen wir ins Schlafzimmer, wo wir uns langsam und ausführlich auf dem Bett von Madame liebten.
Joachim sagte, dieser Spiegel da oben macht mich ganz blöd.
Als wir dann so beieinanderlagen, fiel mir auf, dass ich gar nicht mehr daran gedacht hatte, wie ein Mann aussieht, der nicht beschnitten ist, und mir war es auch seltsam, unsere ineinander gefalteten Hände zu sehen. Ich hielt sie hoch. Seine linke Hand mit einem schlichten, goldenen Ehering und meine rechte Hand mit einem schlichten, goldenen Ehering.
Joachim sagte, solange Pamela ihren noch trägt, ziehe ich meinen auch nicht aus. Wird wohl eine Gewohnheit sein und eine Masche, mir draufgängerische Jungpianistinnen vom Leib zu halten. Eigentlich weiss ich überhaupt nicht, was man mit so einem Trauring dann macht, wenn man sich scheiden lässt, was machen denn all die Geschiedenen mit ihren Ringen?
Mir kam die Idee, dass das ein interessantes Thema für ein Radiofeature wäre, aber ich sagte, eigentlich habe ich doch Glück mit dir gehabt, Joachim. Wer gleich seine erste Liebe heiratet, wird bald behäbig und hat ein langweiliges Leben. Das ist mir, gottlob, erspart geblieben.

Während ich dann in der Badewanne saß, spielte er im Salon ein wenig Klavier und sang leise dazu. Nie zuvor hatte ich ihn singen hören. Doch weil das Instrument verstimmt war, klang es eher wie eine Parodie. Er hörte bald auf und kam zu mir ins Bad. In der Sorge, er könne mich da in der

Wanne mit verschrumpelter Haut sehen, hatte ich hohe Schaumberge um mich aufgetürmt. Wie praktisch mit dem kurzen Haar jetzt alles war.

Erst am späten Nachmittag kamen wir auf dem Père Lachaise an. Wir ließen uns vom Pförtner einen Plan geben. Joachim sagte, vielleicht hätten wir für den guten Frédéric ein paar Blumen mitnehmen sollen.
Seit ich auf diesem Friedhof war, weiss ich, woher die Bühnenbildner ihre Inspirationen für die Szene mit dem Komtur nehmen. Hohe Grabmale standen kreuz und quer wie kuriose Möbelstücke, die in einen Umzugswagen geladen werden sollen. Von dem Lageplan waren wir gleich ziemlich entnervt, und ich steckte ihn in meinen Rucksack.
Eher zufällig kamen wir endlich zu Chopins Grab, das mit vielen Blumen, echten in Vasen und solchen aus Plastik, geschmückt war. Auf einer breiten Schleife stand LE TEMPS PASSE – LE SOUVENIR RESTE. Auch Kerzen standen da, und eine Menge Wachs war verschüttet. Zwei, drei Ewige Lichter brannten wirkungslos im Tageslicht. Joachim lachte auf, nicht einmal seinen Namen gönnt man ihm ganz, vielleicht aus Ärger, weil er sein Herz in Polen hat begraben lassen.
Tatsächlich stand da FRED. CHOPIN. Das Grabmal war aus weißem Stein. Auf dem Sockel saß eine traurige Frau. Schmerzvoll gebeugt hielt sie eine kleine Harfe. Jemand hatte der Frau eine hübsche Muschelkette um ihren Hals gelegt, die nun im Wind ein wenig schwang. Joachim machte ein Foto. Obwohl es mir komisch vorkommt, sagte er.
Solange wir da standen, schlurften Touristen vorbei, einer nach dem anderen, wie von irgendwo abgeschickt. Sie blieben kaum stehen, um zu knipsen, und gingen ohne die Füße zu heben weiter, als hätten sie eine Pflicht erfüllt.
Seltsam wurde mir, als wir dorthin kamen, wo die Kapelle und das Kolumbarium stehen. Weil wir müde waren, setzten wir uns auf eine Bank. Die allgemeinen Anlagen des Fried-

hofs waren gepflegt, es gab da hohe Bäume und kunstvoll geschnittene Zypressen und Blumenrabatten. An Joachim gelehnt, schloss ich ein wenig die Augen, und auf einmal, ich weiss nicht, warum gerade dort, fragte ich, was ich schon seit Jahren wissen wollte. Ich sagte, woran erinnerst du dich, Joachim, wenn du an unser erstes Mal damals in deinem Musikzimmer im Schulhaus denkst?
Lange antwortete er gar nicht. Als er schließlich wissen wollte, ob mir das wichtig sei, antwortete ich, nein.
Ich sagte, nein, vergiss es.
Wir fuhren mit dem Bus zurück. Mit den Stunden gingen wir so miteinander um, als seien wir nie getrennt gewesen. Joachim begleitete mich bis vor die Haustür. Ich wollte allein sein. Oben zog ich mich aus und setzte mich an den Schreibtisch. Wie Sternschnuppen fielen die Sätze vom Himmel, und ich konnte sie auffangen, bevor sie verglühten.

Zu Pavel sagte ich am Telefon, eigentlich genügt es für den Roman, eine Woche lang in Paris zu sein, vielleicht fahre ich bereits früher zurück, schließlich will ich ja keinen Reiseführer verfassen.
Und Pavel antwortete wie von ganz nah, aber mit seltsamer Stimme, ich meine, Katja, du solltest deinen Protagonisten erledigen, einfach platt machen. Sonst kriegt der Schluss so etwas Unwürdiges, Billiges. Ich weiss, dass du das schaffst.
Auf einmal hatte ich Heimweh und Angst, es könnte nie mehr mit uns sein wie zuvor. Ich wünschte mir seinen Geruch nach Zigaretten und Whisky beim Liebemachen, und ich dachte daran, wie er auf ganz angenehme Weise ordinär sein konnte und dass er dann tat, was ihm einfiel, ohne groß zu fragen. Aber ich schlief gut und traumlos in dem Bett, in dem ich am Nachmittag Joachim geliebt hatte.

Am anderen Morgen telefonierte ich lange mit Hellwig, der im Literaturbüro saß und im zweiten Teil meines Romans las. Er

fragte, ob er das richtig verstehe: Die Frau liebt ihn noch immer.
Und ich antwortete, ja, du verstehst das richtig, sie liebt ihn noch immer. Wurde nicht deutlich, *qu'elle l'aimerait jusqu'à sa mort*? Ich weiss nicht, warum ich ihm den Satz auf Französisch zitieren musste.
Zum Abschied sagte Hellwig eindringlich, aber man ist kein Mensch für sich allein, Katja, man ist ein Teil vom Ganzen, auch wenn dir das jetzt nach neunzehntem Jahrhundert klingt.
Ungeduldig antwortete ich, die Tür, die ich öffne, schließe ich auch wieder. Basta. Ist das genug Information?
Nie zuvor war ich zu Hellwig pampig gewesen.

Ich hatte mich gerade wieder an den Schreibtisch gesetzt, als es an der Tür läutete. Nach diesem Gespräch mit Hellwig wollte ich dringend an meinem Text arbeiten. Das Videobild zeigte Joachim. Er trug ein weißes Hemd. Zuerst zögerte ich, mich zu melden. Ich erschrak über den Blick, mit dem ich ihn maß. Wie unbeholfen er dastand. Vielleicht hat mich die jahrelange Schreibarbeit so abschätzend gemacht. Er redete ja unentwegt von seinen Plänen und seinen Problemen. Eine ganze Horde von Feinden schien ihn zu verfolgen. Er ist gänzlich humorlos, dachte ich in meinem Ärger. Schließlich drückte ich den Türöffner, ohne vorher etwas zu sagen. Es dauerte lange, bis der Aufzug kam.
Als Joachim fragte, ob er sehr störe, sagte ich, ein wenig schon, und er entschuldigte sich, weil er vorher nicht angerufen hatte. Ich sagte, ich bin hier in Paris, um einen Roman zu beenden, an dem ich seit zwei Jahren schreibe.
Ich spürte Joachims Widerstand. Mit ihm konnte ich nicht diese Spiele treiben, die Pavel gerne mitmacht. Pavel hat Anteil an meinem Schwebezustand zwischen Fiktion und Wirklichkeit. Joachim machte er Angst. Ich muss mich, dach-

te ich, doch einmal genauer nach den Fortschritten seiner Therapie erkundigen, von der er mir geschrieben hat.
Er sagte, ich habe Karten für ein Orgelkonzert in Notre-Dame besorgt, ich dachte, du würdest dich darüber freuen.
Weil ich nun schon die Konzentration verloren hatte, war es mir lieber, dass er bei mir blieb. Am besten musste es sein, dachte ich, so oft wie möglich mit ihm zu schlafen. Vielleicht würde ich auf diese Weise herausfinden, woran es lag, dass ich mich in all den Jahren nie ganz von ihm gelöst habe.
Aber es war auch so, dass er mir einfach gefiel. Es hat Augenblicke gegeben, in denen ich dachte, dass ich nie wieder nach Hause zurückkehren könnte.
Würde mich Pavel fragen, müsste ich antworten, es war in allem okay, vielleicht nicht ganz wie bei dir, aber doch fast.
Ohne uns aufzuhalten, gingen wir ins Schlafzimmer und zogen uns aus. Unsere Körper passten zusammen, ich liebte es zu sehen, wenn Joachims Augen dunkel wurden, und ich betrachtete ihn gerne, als er ruhig atmend neben mir lag. Als er ein wenig schlief, stand ich auf und setzte mich an den Schreibtisch.
Nachmittags holten wir dann in dem Laden unten Paninis. Während des Essens sagte ich, Joachim, hättest du vor bald dreißig Jahren gedacht, dass es Leute in unserem Alter noch immer miteinander treiben?
Und Joachim antwortete, ich habe vor dreißig Jahren nichts gedacht, gar nichts. Aber jetzt sehe ich dich und jetzt denke ich, und das bringt mich schier um den Verstand. Ich liebe dich, Katja.
Obwohl das Telefon wieder und wieder läutete, nahm ich nicht ab. Joachim sah mich viel an. Aber mir verging dieses Verlangen, das ich jahrelang in meinen Träumen und Fantasien gehabt hatte, auch jetzt nicht ganz.
Ich hatte mir vorgestellt, bei einem Konzert sei Notre-Dame bis auf den letzten Platz besetzt. Tatsächlich fand sich nur eine kleine Gemeinde ein.

Ein Baby stieß von Beginn an Schreie aus und ließ sich bis zum Schluss kaum beruhigen, und schon nach dem zweiten Stück, das der Organist spielte, verließen etliche Zuhörer und Zuhörerinnen raschelnd und klappernd diesen Ort, wo man ihnen, statt Charpentier und Bach vorzutragen, zeitgenössische Musik zumutete.

Mir wurde es ganz irre davon. Das erste Stück klang wie von einer gigantischen Drehorgel gespielt. Puppen tanzten, und Mäuse sprangen, bis sie das Wummen der Bässe vertrieb. Dann heulte die Orgel wie ein Sportwagen auf, sie kreischte und schrie. Wir fuhren Achterbahn in Notre-Dame. Im Seitenschiff, wo ich mich hinter eine Säule gestellt hatte, klangen die Töne differenzierter als dort, wo sie direkt aus den Pfeifen herabfielen.

Joachim war auf seinem Stuhl sitzen geblieben, er hatte die Augen geschlossen, und ich dachte, dass er einmal ein sehr schöner alter Mann sein würde. Immer werde ich sein Bild in meinem Herzen tragen. Während des Konzertes wurde das Licht, das durch die Fenster hereinkam, matter. Ich wünschte, die Kirche einmal ohne künstliche Beleuchtung, nur im Licht der bunten Fenster und im Schein der Votivkerzen erleben zu dürfen.

Auch Joachim war von dem Orgelspiel beeindruckt, gerne hätte er die Orgel von nah gesehen. Er sagte, es ist eine Cavaillé-Coll mit über hundert Registern und achttausendfünfhundert Pfeifen. Die ist nicht einfach zu spielen.

Als wir auf den Vorplatz hinauskamen, war es zuerst blendend hell. Die Porträtmaler arbeiteten geduldig, und wir sahen ihnen lange zu. Ein Afrikaner bearbeitete hingebungsvoll eine Trommel.

An der Bar in einem der Hausboote kauften wir eine Flasche Rotwein und belegte Baguettes. Der Juniabend war zu schön, um drinnen zu bleiben. Wir setzten uns da am Ufer auf eine Bank.

Während wir aßen und tranken, verlosch der Tag allmählich, und ein kühler Wind kam auf. Noch immer fuhr ein mit Touristen beladenes Schiff nach dem anderen vorbei. Die meisten hatten Glasdächer und, als wären sie Polizeisuchboote, eine ganze Batterie von Scheinwerfern, mit denen sie im Vorbeigleiten das Ufer und somit auch uns anstrahlten.
Auf einmal fragte Joachim unvermittelt, warum hast du mir auf meinen Brief hin nicht geschrieben, Katja, ich warte noch immer auf eine Antwort.
Ich packte die Rotweinflasche ein, die wir fast ausgetrunken hatten, und stopfte auch die Servietten weg. Dieser Brief, sagte ich böse und stand auf, ist eine Anmaßung, eine Unverschämtheit, Joachim, die mich so geärgert hat, wie selten etwas. Dein Egoismus ist mir ganz und gar widerlich. Hättest du mir diesen Brief auch dann geschrieben, wenn dein Leben glücklich und erfüllt wäre?
Ich zitterte und konnte ihn nicht mehr ansehen.
Er sagte, verzeih mir.

Wir gingen dann nebeneinander her. Das konnten wir auch noch immer, so stundenlang schweigend nebeneinander her gehen. Joachim sah müde und traurig aus.
Ich dachte, dass ich diese seit langem tote Liebe zu ihm wie einen Wackerstein mit mir herumtrage und dass ich nur deshalb wütend bin, weil ich sie weder loswerden noch wieder lebendig machen kann. Als wir vor seinem Hotel ankamen, ging ich mit hinein, denn ich hätte es jetzt nicht über mich gebracht, ihn allein zu lassen. Wir mieden unsere Blicke. Im Zimmer schaltete Joachim das hässliche Deckenlicht an und öffnete die Tür zum Balkon. Ich sah, dass er an seiner Komposition weiter gearbeitet hatte.
Als ich sagte, bitte lass mich noch einmal bei dir bleiben, nickte er nur.

Joachim sagte, warum bist du mir nie einen Schritt entgegen gegangen, und ich antwortete, es wäre kein Entgegengehen, sondern ein Nachlaufen gewesen, und dazu war ich zu stolz. Ein paar Stunden lang musste ich geschlafen haben, denn als ich mich wieder besann, war es hell. Regen trommelte auf das Dach. Joachim schlief an die Wand gedreht. Ich dachte, da man in seinen Träumen offenbar ganz bewusst lügen kann, sind die Bilder, die sie zeigen, nicht zufällig, und es muss so sein, dass sie oft auch die Wahrheit sagen. Joachim bewegte sich nicht, während ich die Schuhe anzog. An der Rezeption ließ ich mir ein Taxi rufen.

In meiner Wohnung nahm ich ein Bad und versuchte danach, ein wenig zu schlafen. Unser Zusammensein war ein Kampf, aber ich konnte Joachim nicht verlieren sehen. Ich würde, was ich angefangen hatte, auf heitere und unverbindliche Art beenden.
Mir fiel die Closerie Des Lilas am Boulevard du Montparnasse ein, wo Hemingway oft Gast gewesen war. Ich bestellte für den Abend einen Tisch. In Joachims Hotel hinterließ ich die Nachricht, dass ich um neunzehn Uhr auf ihn wartete. Ich schrieb ein paar Ansichtskarten und in mein Notizbuch Bemerkungen zu dem Orgelkonzert. Schließlich legte ich mich auf das Bett und wartete, dass es Zeit zum Gehen wurde. Mein Rätsel konnte ich durch den wirklichen Joachim nicht lösen. Ich zog dann das neue Kleid an und auch das Jackett, denn die Luft war kühl geblieben, obwohl es nicht mehr regnete. An der Bastille nahm ich ein Taxi.
Joachim stand da und unterhielt sich mit einem der Bediensteten, die die Wagen der Gäste der Closerie zum Parken fahren und wieder abholen mussten.
Ernst sagte er, ich danke dir, dass ich diesen Abend mit dir verbringen darf, und er gab mir die Hand wie einer Fremden. Leider war der Tisch, den man uns reserviert hatte, draußen, wo es mir zum Sitzen zu kalt war. Der Maître schlug uns vor,

an der Bar zu warten, bis einer der Innentische frei würde. Wir gingen hinein. Zwischen dem vorderen Teil des Restaurants und dem hinteren der Bar stand ein kleiner Flügel, an dem sich ein dicker Pianist mühte. Niemand schien ihn zu beachten, durch die vielen Leute, die sich unterhielten, und das Geschirrgeklappere war er kaum zu hören. Die Bar war mit roten Lampen und Spiegeln ausgestattet, wie ich mir das vorgestellt hatte. Auf einem der Barhocker saß ein Mann, der eine Fliege und einen Hut zu seinem Anzug trug. Er machte den Eindruck, als gehöre er längst zu dem Betrieb. Er winkte uns zu sich. Wir lachten ziemlich albern wegen des Pianisten, der sich immer wieder verspielte. Auch der andere Mann lachte mit, anscheinend verstand er uns. Joachim sagte, zuweilen lese ich noch immer gerne Hemingway. Abenteuer und harte Arbeit, unbedingte Freundschaft, Liebe, Rausch, er lässt mich all das erleben, wozu ich selbst nicht fähig bin.

Als der Pianist zu spielen aufhörte und hinausging, um seine Pause zu machen, setzte sich Joachim an den Flügel. Ich winkte ihm mit hundert Franc zu, denn auf dem Flügel stand ein mit Trinkgeldern schon gut gefülltes Körbchen. Auch der ziemlich betrunkene Nachbar wollte mittun und zückte seinen Geldbeutel. Eine Zeitlang spielte Joachim Melodien aus Musicals, ein paar Leute an ihren Tischen drehten sich nach ihm um. Als der dicke Pianist zurückkam, winkte er gemütlich und ließ sich in einen der ledernen Sessel fallen. Nachdem Joachim eine Weile inne gehalten hatte, wie um sich zu besinnen, begann er ein Stück, das ich von früher her kannte.

Zuerst hielt ich es für eine Nocturne von Chopin, es war eine leise, wehmütige Melodie, die mir tief ins Herz drang. Und als wollte er sich nicht davon lösen, spielte er es ein zweites Mal, dabei sah er ruhig zu mir her.

Nachdem er aufgestanden war, applaudierten einige Leute, und der dicke Pianist umarmte ihn herzlich, bevor er sich selbst wieder ans Werk machte. Inzwischen war ein Tisch für uns frei geworden, aber wir konnten beide nicht viel essen. Ich war froh, als wir aufbrachen. Das Stück, das er gespielt hatte, wiederholte sich dauernd in meinem Kopf, und was mir dazu einfiel, machte mich böse und kalt. Wir gingen einen dunklen Boulevard entlang, vorbei am Jardin du Luxembourg, Richtung Seine. Am liebsten hätte ich gehabt, dass er zu seinem Hotel geht und ich mir ein Taxi nehme. Ich wollte nur noch fort.

Er fragte, ob ich das Stück erkannt habe. Es ist Liszt, sagte er, eine Consolation, eines seiner Trostlieder. *Perdendo-si.*

Ich sagte, ich erinnere mich. Du hast es schon im Schulhaus gespielt. Mit meinem blödsinnigen Gedächtnis vergesse ich ja nichts. Sich verlierend. Als ich es zum ersten Mal hörte, hielt ich es für eine Fantasie von dir selbst. Aber, Joachim, das war nicht das passende Geburtstagsständchen für mich.

Plötzlich tat er mir nicht mehr leid. Hatte seine Stimme schon früher so etwas Gepresstes gehabt? Hier in Paris fiel mir das dauernd auf. Wir gingen über eine der Brücken und auf die Inseln, wo noch viele Touristen in den Lokalen saßen oder herumspazierten. Mein einziges Gefühl war, dass mir die Füße weh taten von der vielen Lauferei, aber hätte ich gesagt, ich nehme die Métro oder ein Taxi, dann hätte ich ja ein Gespräch beginnen müssen. Paris ist eine sehr große Stadt. Bis zur Bastille dauerte es fast zwei Stunden.

An der Bastille und in der Rue de Lappe war das übliche Gedränge und Gelärme. Schon an der Straßenecke begann ich, in der Handtasche nach dem Schlüssel zu kramen. Vor dem Haus gab ich Joachim die Hand und dann so etwas wie ein aufmunterndes Küsschen auf die Wange. Um seine Lippen zuckte es. Ich sagte, du wirst dein Glück schon noch machen, Joachim, da bin ich ganz sicher. Dann schloss ich schnell die Glastür auf und ging in den Flur. Gerade kam der Aufzug. Ich drehte mich nicht mehr nach Joachim um. Mir war es nie darum gegangen, ihn weinen zu sehen.

Erleichtert packte ich meine Sachen zusammen. Später lag ich gebadet und ganz ruhig im Bett. Pavel rief an und beglückwünschte mich zum Geburtstag. Schon vor zwei Stunden hatte er versucht, mich zu erreichen. Er war froh darüber, dass ich abreisen wollte. Ich sagte, ich danke dir von Herzen, und ich bin stolz darauf, mit dir verheiratet zu sein.

Frühmorgens fuhr ich im Taxi zum Charles-de-Gaulle. Ich dachte, dass es doch eine schöne Gewohnheit meines Gehirns ist, alles Gesagte auf seine Tauglichkeit als Hörspiel zu überprüfen. So wird, was war, unwirklicher. Es wirkt dann nicht mehr in meinem Gemüt, sondern nur noch im Verstand. Nach einigem Hin und Her an den Schaltern bekam ich einen Platz in einer Maschine der Air France. Ich saß am Fenster und fühlte mich leicht und wohl, ein neues Lebensjahr begann. Während ich durch die festliche Himmelslandschaft glitt, notierte ich einige Worte. Mit diesen Worten, dachte ich, werde ich den letzten Satz des Romans schreiben.

(Leonie sitzt an ihrem Schreibtisch. Rechts liegt ein Stapel Papier, es werden tausend Blatt sein. Links liegen wenige, dicht beschriebene Blätter. Leonie schreibt mit Bleistift, gelegentlich radiert sie ein, zwei Wörter aus. Sie arbeitet konzentriert.
Der Raum ist jedoch nicht das blassrote Zimmer, in dem auch ihr Bett steht.
Leonie wundert sich, der Raum ist schmal und lang, an den Längsseiten sind Fenster wie Bullaugen. Davor treiben dunkle Nebenschwaden, die ab und zu aufhellen, als würden sie angestrahlt.
Leonies Schreibtisch steht in einem leergeräumten Flugzeug. Über den Bordlautsprecher tönt Julians Radiostimme: Flugposition, Fluggeschwindigkeit, Wetterlage, Außentemperatur.
Leonie schreibt wie in Angst. Laut diktiert sie sich selbst ihre Sätze. Das hört sich an, als bete sie einen Rosenkranz. Wenn Julian Anweisungen gibt, schweigt Leonie. Sie wird sich vor Julian fürchten. In Julians Nähe könnte Leonie nicht schreiben. Vor Julian muss sie ihre Unwissenheit verbergen. Sie sinnt auf immer neue Techniken, um Julian über ihre Unwissenheit hinwegzutäuschen. Trotzdem ist sie mit ihrer Rolle neben Julian zufrieden. Mehr braucht sie nicht.
In dem Cockpit vorne wird nicht Julian sitzen. Von dort tönt nur seine Radiostimme oder die eines anderen. Diese Radiostimmen gleichen sich oft. SCHREIB, sagt die Stimme, STELL DICH NICHT SO AN, was heißt da, du kannst nicht, ich schreibe seit Jahren an einem Roman ganz nebenbei und schreie auch nicht: Das KANN ICH NICHT. Jeder hat doch einen unvollendeten Roman in der Schublade.
Trotz ihrer Beklommenheit lacht Leonie.
Von dem Stapel lösen sich die oberen Blätter und wirbeln in dem Raum herum. Schnell legt Leonie die Hand auf die

bereits beschriebenen Blätter. DIESE NICHT. Die Bullaugen werden nicht richtig schließen. Es zieht eiskalt herein. Leonie wird frieren, sie hält das nicht aus. Sobald sie aufhört zu schreiben, lacht Julian durch den Lautsprecher. ÜBERLAUT. Sie will nicht landen, bevor das letzte Blatt vollgeschrieben ist. Stroh zu Gold spinnen. Leonie ruft, ich kann kein Stroh zu Gold spinnen!
Sieht er nicht, dass Leonie vor Zittern den Stift kaum noch halten kann, draußen herrscht Schneetreiben, ich habe keine Winterkleidung, die Reise hat über den Sommer gedauert, ein Winter war nie verabredet, die Propeller werden festfrieren.
Leonie sieht wie ein uralte Frau aus. WIE GUT, DASS ICH DAS NUR TRÄUME! Aber sie hat noch schöne, klare Augen, mich trösten ihre schönen, klaren Augen, wer wird schon dieser Frau etwas antun, man wird sie in Ruhe sterben lassen.
Plötzlich sind die Fluggeräusche weg. Als hätte Julian sein während der Fahrt weit offenes Schiebedach geschlossen.)

Am nächsten Morgen, Julian vom Funk aus: Da hat ein Idiot die halbe Nacht das Telefon läuten lassen. Nach dem ersten Mal gleich habe ich es in meinem Tran, obwohl es ganz leise gestellt war, mit Kissen zugedeckt. Aber so ein Summen in der Nacht lässt sich nicht ersticken, ich bin kein bisschen ausgeschlafen, wie gerädert. UND DU?

ZEIT:	letzter August und davor
ORT:	bei Leonie (und in Julians Wohnung)
PERSONEN:	Julian
	Österreichischer Staatsbürger. Blaue Augen, Haare kaum grau, er lässt sie regelmässig alle zwei Wochen nachschneiden, Gestalt pyknisch-sportlich. Spricht (nach Notwendigkeit) Hochdeutsch ohne dialektale Färbung.

Studium zuerst am Institut für Philosophie in Graz (in derselben Zeit Arbeit an einem Forumtheater und Veröffentlichung von Gedichten), später in Frankfurt am Main Studium der Geschichte und Literaturwissenschaft (Dr. phil.). Ein unveröffentlichter Roman, an einem zweiten arbeitet er. Julian ist Redakteur beim Hörfunk, Abteilung KULTURELLES WORT.
Er begreift Bildung noch als Wert an sich und nicht als Renommiergehabe für seine Talkrunden.

Julians Frau
Mathematiklehrerin

Julians Sohn
Student in Paris (Robin)

Leonie
ICH

Der August war heiß, es regnete nicht. Die Blätter auf den Büschen und Bäumen rollten sich und fielen ab. Nur selten schrie noch ein Vogel durch die Hitze hindurch. Die surrenden Fliegenrädchen hielten an. Überall wuselten Ohrenklemmer. Leonie vertrug die Hitze nicht.
Hochsommerdepressiv, sagte Julian.
Sie wünschte sich so sehr, dass es regne. Mitte August ging Julians Frau auf Klassenfahrt. Jugendherberge, mit Hin- und Rückreise acht Tage. Acht Tage lang Julian für sich, und Leonie bewegungsunfähig, in der Hitze ausgehärtet, während die Frau (in all den Jahren höchstens ein paar Mal von Weitem gesehen) mit ihrer Schulklasse die Sylter Südspitze umwandert, wo immer der Wind bläst.

Wir haben (sagte Julian) die Wohnung beim Rosengarten gekauft, bis zum Herbst können wir einziehen. Nächsten Samstag (sagte er und suchte seine Kleider zusammen) annoncieren wir wegen Nachmietern, weil wir diesen einiges verkaufen wollen, was nicht in die neue Wohnung passt. Die Einbauschränke und die Garderobe, vielleicht auch die Küche. Leonie blieb auf dem Rücken liegen (zugedeckt trotz der Hitze) und faltete die Hände im Nacken. In der Birke schaukelten zwei Amseln, als hätten sie sich dort hingesetzt, um vom Wind geschaukelt zu werden. Durch die offene Balkontür: Glockengeläut von weit her und Stimmen spielender Kinder.

Nachmittags fuhren sie ziellos im Taunus herum. Bei geöffnetem Schiebedach. Die Sonne blendete Leonie, dabei kannte sie doch Julians Gewohnheit, bei bis zum Anschlag geöffnetem Schiebedach zu fahren (warum hatte sie wieder Hut und Sonnenbrille vergessen).

Wegen des bei geöffnetem Schiebedach unerträglichen Fahrgeräuschs war eine Unterhaltung unmöglich. Leonie hielt sich mit beiden Händen an der Armlehne fest. Dabei fährt Julian sicher, außerdem brauchte sie nur zu sagen, bitte fahre etwas langsamer, und: Julian, bitte mach das Schiebedach zu.

Aber sie saß da und ließ sich von dieser Augustsonne blenden und von dem Autolärm betäuben, und als sie in einer Kolonne bergauf hinter einem Laster herkrochen, erstickten sie die Abgase fast. Julian, der Gestank wird uns umbringen, es ist das pure Gift. Julian schaltete das Radio ein, er suchte nach seiner Kultursendung. Julian moderierte seine Talk-Runden zweimal wöchentlich zur besten Sendezeit (wenn die Hörer von ihrer Arbeit nach Hause wollen und im Stau stehen).

Obwohl Julian, seit sie abgefahren waren, so gut wie nichts sagte, hörte Leonie dann aus den Fahrgeräuschen heraus

seine Stimme. Ein paar Mal lachte er und schlug mit beiden Händen gleichzeitig auf das Lenkrad, und Leonie dachte, halte ich nicht einmal dieses bisschen Hitze aus, das bisschen Lärm, so schlimm ist der Fahrtwind doch gar nicht, und der Gestank ist fast weg, seit wir überholt haben.
Die Stoppelfelder wurden umgepflügt. Auf den Traktoren dort unten, in den Staubwolken drinnen (seit Wochen hat es nicht geregnet) saßen Menschen und verrichteten ihre Arbeit (und sind außerdem Mitglieder der Freiwilligen Feuerwehren oder des Arbeiter-Samariter-Bundes).
Dagegen unser dekadentes Feuilletonleben!
Julian lachte über seine Sendung, und Leonie sagte, bitte schalte das Radio aus, das macht noch mehr Lärm, das Gerede um die Salier-Ausstellung ist längst unerträglich geworden, Julian, wenn wir über die Autobahn zurückfahren, sind wir schneller zu Hause, und Julian antwortete, ja, es ist blödsinnig die Zeit so mit Herumfahren zu vertun, wir nehmen unterwegs eine Pizza mit, dann brauchen wir heute überhaupt nicht mehr fort, du siehst müde aus, warum sagst du denn nicht, dass du müde bist, das ist zum Erbarmen mit dir.
Julian, nicht Leonie ist abhängig (seine Frau tue, was sie weiß, als Zweit-Frühlings-Affäre ab, die sie nicht betreffe).
Leonie ist nie allein. Sie hat ihre Geschichten. Sie räkelt sich in den Geschichten zurecht, bis sie ganz nach ihr geformt sind.
MANCHE GESCHICHTEN MUSS ICH NACHLEBEN, UM AUSZUPROBIEREN, OB SIE FUNKTIONIEREN.
Sie erschreckt Julian mit ihren Träumen und lacht. Traust du mir denn nicht zu, dass ich etwas tun könnte, ohne mir dabei etwas zu denken?
Unvorstellbar: die purpurrot gelackten Lippen sind ohne Absicht, nur das Schneckchen im Mundwinkel will weggeküsst werden. Julian ist kein Bilderschänder. Ihr tut es gut, dass er das Spiel begreift, das sie ihm anbietet.

Hältst du denn alles für Vorsatz, was ist mit diesem Flugzeugtraum von gestern Nacht, wer fürchtet sich eigentlich vor wem, und wer (fragt Leonie) hätte Grund zur Eifersucht? Ich frage dich doch auch nicht, ob du es vor dieser Klassenfahrt noch einmal mit ihr getrieben hast. Das frage ich dich nicht.
Aber Julian gefällt ihr nicht, wenn er zerknirscht ist, deshalb will sie ihn nicht zerknirscht machen. Du bist mir so schon oft zuviel, dass ich denke, gleich erstickt er mich. DU BIST MIR ZU SEHR ANWESEND, solche in ihrer Anwesenheit mir ständig zugewandten Männer ertrage ich nicht.
Da könnte ich ja gleich vor Langeweile sterben.

Manchmal wollte sie Julian ratlos sehen. Dann fragte sie ihn nach seiner Frau aus, obwohl sie gar kein Interesse an dieser Frau hatte.

Bring doch mal deine Urlaubsbilder (Ägypten?) mit!
Streitet ihr euch noch (Samstag abends?)?
Ich wollte dich mal als Bräutigam sehen.
Kauft sie deine Unterwäsche (M oder X?)?
Ob sie was bemerkt hat (als es nach der Premiere von *Othello* im Foyer den Sekt gab und die Ministerin die Begrüßungsrede für den neuen GMD hielt)?
Hat sie mich überhaupt wahrgenommen (und deine Verlegenheit?)?
Sieht sie immer wie eine Dame aus?
Bestimmt hat sie einen Liebhaber.
Habt ihr damals wegen Robin geheiratet?

Bei dem ziellosen Herumfahren im Taunus musste sich Leonie erkältet haben, trotz der trockenen Augustsonne (sicher steckte das schon vorher in dir drin, sagte Julian).

Er morgens beim Funk, dann in der Wohnung nach dem Rechten sehen (mit der Frau auf Sylt telefoniert, wie geht es dir, meine Liebe).
WAS SAGTE ER?
Leonies Nacken war steif, das linke Ohr schmerzte (in dem Schlafanzug siehst du aus wie für eine Kinderzahnpasta-Reklame). Als er mit ein paar Einkäufen am Spätnachmittag zurückkam, lag Leonie im Bett, die Vorhänge zugezogen. Im Bett sei es noch heißer. Ihre verstopften Ohren ließen nur einzelne Laute durch. Mühevoll mussten die Wörter zusammengesetzt werden. Entschuldige, Julian, mir ist heute nicht recht, die Sonne macht mich ganz blöd. Wochenlang Sonne. Deine biologischen Tropfen waren wie nichts. Wenigstens der alberne Schal tut mir gut. Julians blaue Strahleaugen. Von einem Menschen, der wie Julian aussieht, kann nur Gutes kommen. Ihn will man berühren wie einen Glücksbringer.
Was heißt, was siehst du mich so an (sagte Julian), ich sehe dich gar nicht an, ich sehe nur auf deine Haare.
Wenn ich mich kämme, macht es wie ein Schaben auf meinem Kopf, die Ohren völlig zu, dafür anderes wie durch ein Mikrofon verstärkt.
Leonie setzte sich auf dem Balkon in den Schaukelstuhl. SÜDWESTSEITE. Die Sonne wird noch lange bleiben. Den Sonnenschirm aufklappen? Der fällt immer wieder zusammen. Leonie hätte lieber Schuhe an, denn der Boden ist so heiß, aber sie kann sich nicht entschließen hineinzugehen, um die Sandalen zu holen, die vor dem Bett (oder im Bad oder in der Küche) stehen.
Einfach nur dasitzen.
Julian richtete Brötchen, mit Tomaten und Gurken garniert. In den Sonnenblumen, die er letzte Woche vom Markt gebracht hatte, krabbelten Bienen. Sie haben dieselbe Farbe wie die Blütenstände. Drinnen vom Schreibtisch sieht man sie nur heranfliegen und verschwinden wie in ein Nichts

und wieder abfliegen aus einem Nichts. Als würden diese Sonnenblumen Bienen gebären. Julian, du hast mir Zauberblumen gebracht. Siehst du, wenn sich ein Tier einmal nicht bewegt, kannst du es auch aus der Nähe nicht mehr unterscheiden.
Er finde es seltsam (so halb im Spaß), dass sie seine Sträuße draußen hin auf den Balkon stelle.
Jeden Abend warte ich auf die Falter. Wenn es schon fast dunkel ist, kommen viele winzige Falter (Hunderte), und die gelben Kronen der Blumen leuchten wie innig, und sonst ist alles versunken. EIN INBILD (wovon?).
Julian hob das Bündel ein wenig hoch und schüttelte es. Gleich wimmelte es von Kellerasseln (arme kleine Esel) und Ohrenklemmern, du sollst nicht alles verklären, sagte Julian, wenn wir gegessen haben, würde ich mich gerne mit dir über deine Radiosendung unterhalten.
Die aus den Blüten gefallenen Tiere mühten sich die Wölbung der Vase hoch. Leonie war die Sonne zu warm und zu grell, sie ließ den Kopf hängen (wie ein altes Tier seinen Kopf hängen lässt), die linke Gesichtshälfte pochte, und erst als ihr der zähe Schleim über die Lippen rann, merkte sie, dass die Nase lief, Julian, schnell ein Taschentuch, Julian hat immer ein frisches Taschentuch einstecken.
Julian, wenn es erst läuft, wird es bestimmt besser.
Ja, hoffentlich, sonst müssen wir die Aufnahme verschieben. Die wäre ja schon in zwei Wochen. Falls du die Gedichte selbst lesen willst, sollten wir vorher noch ein paar Mal üben. Deine Stimme (wenn du so weit oben sprichst) hat in den oberen Tonlagen etwas unangenehm Schneidendes. Wir produzieren unter Live-Bedingungen. Anweisung von oben: Es soll spontan und kontrovers diskutiert werden. IST DAS WEIBLICHE ELEMENT IN DER KUNST UNTERREPRÄSENTIERT? Als Einstieg von dir zwei, drei Gedichte und dann noch eins, was Längeres, nach etwa fünfundzwanzig Minuten. Danach kurze Zwischenmusik. Die Diskussion sollten wir gar nicht

bis ins Einzelne planen. Ich sage ungefähr: Die wichtigsten deutschen Kunstpreise zwischen 1945-1989 wurden nur dreimal an Frauen vergeben. Wie erleben Sie Ihre Situation als Frau in der Kunstszene, und worauf führen Sie Ihre Erfolge zurück?
Leonie drückte beim Lachen mit der Hand gegen die linke Gesichtshälfte. Ich werde dir antworten und zwar mit einer Stimme, die ohne schneidende Obertöne tief aus dem Bauch rauskommt: Ich führe meinen Erfolg auf meine Liebenswürdigkeit zurück, die mich immer wieder einen finden lässt, der auf mich aufpasst. SEHEN SIE, werde ich zu dir sagen, es gibt den gewissen Mann an meiner Seite oder hinter meinem Rücken, und das ist keiner, der im Ernstfall Papiertaschentücher herauszieht. Der hat immer frisch gestärkte aus weißer Makobaumwolle dabei.

Der Abend war still und kühl und dunkel. Kein Vogelgezwitscher mehr. Als würden wir alle unter einer monumentalen Kuppel sitzen.
Von weit her tönte eine Polizeisirene und das näherkommende Motorengeräusch eines Flugzeugs: WIE EIN BÖSES AUSATMEN. Um Leonies Zauberblumen flirrten die Falter (ich kenne jeden einzelnen, es sind immer dieselben). Sie waren im Schwarm herangeflogen wie auf ein Zeichen hin.
Julian brachte Tee und Aspirin. Mir ist so schnatterig, etwas kühl ist mir gleich zu kalt.

Am Morgen wurde Leonie nur mit Mühe wach und in der Vorstellung, jemand klopfe Teppich, dabei war es das Pochen in ihrem Ohr. Draußen schien schon wieder die Sonne, die Sonne greift mich an. Vom Bad herüber Dusch- und Föhngeräusche. Einmal selbstverständlich zusammensein. Ohne diese Sätze: Ich kann aber nur kurz. Ich muss aber gleich. Heute habe ich keine. Ich wollte dir nur. Du musst schneller. Beeil dich doch wenigstens diesmal ein bisschen.

Und Julian kam im weißen Sonntagshemd und mit feuchten Haaren aus dem Bad und sagte, bleib einfach liegen heute, du kannst doch im Bett frühstücken. Wie geht es der süßen Triefnase?
Sie hätte Julian nicht einladen dürfen für diese Tage, an denen seine Frau fort war. Als er in der Küche hantierte, stand Leonie auf. Zornig und schlecht gelaunt. Ungeduldig.
Den Moment hatte sie befürchtet. Du bist mir zu anwesend, Julian, du machst mich krank, ich ertrage keinen, der mir Sonntag morgens das Frühstück ans Bett bringt und dabei auch noch munterer Stimmung ist. MUNTERE STIMMUNG, verstehst du, wäre mir auch an jedem anderen Morgen mit oder ohne Erkältung ganz und gar unerträglich. Mich erstickt deine mir ständig zugewandte Anwesenheit, und ein gemeinsamer Alltag würde mich in kürzester Zeit in den Wahnsinn treiben.
Die Sonne schien in die Küche hinein. Wie willkürlich teilten zwei schräge Staubbahnen den Raum. Moussierende Partikel. Seit dem Frühjahr waren die Fenster nicht mehr geputzt worden.
Leonie zog den Vorhang vor.
Sie besaß keinen Hausfraueneifer, sie gestattete sich eine Staubschicht als Zeichen einer kreativen Nachlässigkeit. Von einem Luftzug angetrieben, huschte ein leichtes, in Haare gewickeltes Staubbüschel über den Boden, und Leonie hatte ihre Freude daran. Wenn ich allein bin, sagte sie, frühstücke ich immer bei zugezogenen Vorhängen.
Julian setzte sich, goss Kaffee in die Tassen und gab Milch und Zucker dazu. Zwei Mücken, vielleicht vom plötzlichen Lichtwechsel irritiert, surrten herum, als hätten sie Kunstflugtag.
Bevor Julian etwas gesagt hätte, sagte er nichts.
Er wird meine Ungeduld spüren, er wird meine Ungeduld der Erkältung zuschreiben, eine, die so krank ist, kann ja un-

möglich wer weiß wie toller Laune sein. Nie würde Julian den Ernstfall eines Streites auslösen.
Julian trank Kaffee und schwieg freundlich vor sich hin. Julian kann schweigen. Oft zählt Leonie in dieses Schweigen hinein. Bis einhundertsiebenundfünfzig. Bis zweihundertundsiebzehn. Aber das Schweigen hört nicht auf. Viermal sind diese Mücken jetzt von der Zuckerdose aus gestartet und wieder gelandet.
Dauernd komme ich neben dir in Verlegenheit, Julian. Sie trug noch den Schlafanzug und das alberne Schälchen um den Hals gelegt, sie nieste und hustete, ihre Stimme würde weniger denn je zu etwas taugen, und die Küche lag im bedenklichen zweiten Staubstadium, schon schweben die Flocken von der Decke herunter. Aber Leonie will den Tod nicht durch Putzen aufhalten.
Sie saß Julian bucklig und verzagt gegenüber und sagte, damit endlich etwas gesagt wurde: Deine Frau sieht schon am Frühstückstisch wie eine Dame aus, und du, bevor du dich dazusetzt, küsst sie auf die Wange und sagst, Guten Morgen, meine Liebe, ich hoffe, du hast gut geschlafen. Da liegt eine hellblaue Leinentischdecke, deren Muster sich an den Rändern des Porzellans wiederholt. Rosenthal oder Meißner, dieselben Blümchen auf den Servietten, sogar die sind aus Stoff und in silbernen Ringen aufgerollt. Julian, schrie Leonie plötzlich: SO IST ES DOCH BEI EUCH! Sag, dass es so bei euch ist, und während ihr den Toast bestreicht, parliert ihr über die Überschriften, die ihr auf den Feuilletonseiten eurer diversen Zeitungen überflogen habt. Ich sage: Natürlich bloß überflogen. Keiner von euch wird sich doch herausnehmen, während einer gemeinsamen Mahlzeit hinter einer Zeitung zu verschwinden. GUTEN MORGEN, MEINE LIEBE (an diesem herrlichen Ferientag), denk daran, dass wir für zwanzig Uhr die Konzertkarten haben, nein, nicht den Dunkelblauen, irgendwas Legeres, ja, du würdest mir in dem grünen Seidenkostüm gut gefallen, schrie

Leonie, und weil sie aufgestanden war, stand auch Julian neben dem Tisch in der Küche, die mit warmem, roten Licht gefüllt war, und der defekte Toaster verbrannte die Brote.

Wie war es, bevor du mich
Ich hätte mich überhaupt nie mit dir
Ob es damals besser
Es ist entwürdigend was
Willst du denn überhaupt
Das hast du mich noch nie
Soll das heißen, du wärest in der Lage mich
Du weißt genau, dass ich nicht
Wir sollten heute ein wenig
ICH GEHE JETZT INS BAD

Auf dem Rand der Badewanne: JULIANS KULTURBEUTEL. Alles hineingeräumt. Nie lässt Julian etwas liegen. Sogar der Rasierschaum war sorgfältig aus dem Waschbecken gespült, obwohl das Wasser immer schlecht abläuft.
Leonie müsste dringend die Haare waschen.
Sie setzte sich auf den Hocker und las in einem Buch (so an die Tür gelehnt), bis sie fror und Lust auf ein Bad bekam. Im Zimmer drüben spielte Julian auf Onkel Emils Geige das Largo.
Leonie lag in einem Ölbad und summte ein wenig mit.
Im Gang läutete ein paar Mal das Telefon.

Später wieder im Bett.
Abends würde ein Bus die Frau und ihre Schulklasse aus Sylt zurückbringen. Seit Stunden fuhr die Frau Richtung Süden und freute sich auf Julian, Julian, zu Hause ist es doch am schönsten.
Julian, ich bin müde bis ins rohe Gehirn hinein, die ganze letzte Nacht war ein Albtraum, ich träumte, sie habe uns zugesehen (wobei schon), einfach stumm, in einem hohen

Sessel sitzend, und Julian, es stimmt einfach nicht, dass ich aus jedem Traum eine Geschichte mache. Deine Frau saß da in dem Sessel mit elegant übereinandergeschlagenen Beinen, und endlich fiel mir ein, dass sie Anatol Stillers Balletteuse war, obwohl diese doch zierlicher zu sein scheint, wie sie neben Stiller am Zürichsee hergeht und zu ihm hinaufschaut mit dem erstaunten Blick, der von den rasierten Brauen kommt. Julian, bitte, hol mir den *Stiller*, er steht im oberen Fach rechts.
(Das Buch war nicht staubig, Leonie blies und blätterte, siehst du, wenigstens meine Bücher staube ich ab.)
Da ist so eine Stelle. *Julika, die sich mit ihren großen und so ungemein schönen Augen umsah, ohne viel zu trinken, ohne etwas zu sagen: ihr Beitrag, wie so oft, war ihr köstliches Haar mit dem rötlichen Glanz ...*
So, Julian, saß sie da. Vielleicht kam ich über Julian auf Julika, in Träumen ist nichts zufällig. Deine Frau wird tatsächlich so gnadenlos sein, wie diese Julika, du wirst schon wissen, warum du mich nicht mit ihr bekannt machst (beispielsweise damals im Theater), ich weiß kaum, wie sie aussieht, womöglich laufen wir dauernd aneinander vorbei. Ich weiß, sie hat kein lichterlohes Haar und trägt kein bananengelbes Kleid wie Julika, die bloß stirbt, damit ihr Bildhauer lernt, WAS ES WIRKLICH HEISST, SCHULDIG ZU SEIN. Aber die Art der Beziehung geht mir nicht aus dem Sinn, den ganzen Morgen denke ich an nichts anderes, und sobald ich die Augen schließe, sitzt sie in dem Sessel, WO DU JETZT SITZT, und sieht uns zu (weinst du, Leonie), würde wenigstens der Sommer endlich müde, dass ich wieder vernünftig schlafen kann, es ist so ungewohnt, wenn du da bist (nein, ich brauche kein Taschentuch), mir fällt jetzt nichts mehr ein, mir ist, als würde mir nie wieder etwas einfallen, als hätte ich das Mir-etwas-einfallen-Lassen auf alle Zeiten aufgegeben.

MONTAGMORGENS (Julian natürlich vom Funk aus):
Du solltest doch einmal zum Arzt / Ja sie ist gut / Nein nichts bemerkt / Mir ist das gar nicht peinlich dass / Tut denn der Hals auch / Das linke noch immer / Heute kann ich wirklich nicht / Nicht einmal für fünf / Und morgen fahre ich für zwei Tage nach / Aber am Mittwochabend (da hat sie ihre Yogagruppe) werde ich bestimmt / Natürlich rufe ich dich jeden / Du weißt wie sehr ich mich nach dir / Das ist keine klischeehafte / Und ebensowenig ist es / Ich sehe dich so gerne wenn du / Doch sonst auch noch / Du stehst nicht am Rand meines / Du bist / Ich möchte etwas Unanständiges mit dir / NEIN ES IST NICHT DAS EINZIGE WAS MICH / Alles Leonie / DU?

SAMSTAGSZEITUNG (morgens früh)
Nachmieter gesucht. 4 Zimmer, 12. OG, ca. 100m², gr. Balkon, Komfortausstattung, TG-Platz, frei ab Okt./Nov., DM 1800 + NK DM 300 zzgl. Kaution DM 2000, Übernahme von Küche u. div. Einbaumöbeln n. Vereinb. Auch samstags bis 17 Uhr telefonisch erreichbar.

Leonie nahm nicht den Aufzug. Um sich zu beruhigen, stieg sie langsam die Treppen bis zum zwölften Stock hoch. Oft blieb sie sogar stehen und wartete, bis sie wieder zu Atem kam. Wie eine alte Frau, dachte sie, und voll grausigem Zittern.
Statt eines Schuhkratzers lag eine kleine Perserbrücke vor der Wohnungstür, die halb geöffnet war, denn die Frau habe schon Ausschau nach Leonie gehalten. Sonst dauere es nicht so lange von unten herauf, nur manchmal, sehr selten, vielleicht zwei, drei Mal in all den Jahren, habe es Probleme mit dem Aufzug gegeben.
Leonie VOR DER FRAU: Wie ein Kind blickte sie (noch immer erkältet, blass und mager) zu ihr hoch. Trotz ihres Schirms (pastellfarben geblümt, ein Geschenk von Julian) hing Nie-

selregen in den Haaren und auf dem viel zu weiten Sommermantel. Auch die schmale Hand, die sie der Frau geben musste, war feucht. Leonie genierte sich wegen ihrer schmalen, feuchten Hand.
Im Flur roch es nach Julians Pfeifentabak. Unter Leonies Angst mischte sich Heimatgefühl. Die Frau ist nicht mehr jung. Ihr Gesicht, wenn sie es beim Sprechen herabbeugt, ist groß und gut. Eine Frühherbstsonne. Leonie will sich dieser Frau anvertrauen. Für Julian würden sie sich miteinander verbinden. Die Stimme der Frau war melodisch und gelöst, vielleicht ein wenig wienerisch, und sie sprach nicht, sie sang, DENN SIE WAR JULIANS FRAU. Auf roten Stöckelschuhen schritt sie vor Leonie her.
Hier bitte, sehen Sie zuerst das Wohnzimmer, alle Fenster haben Doppelverglasung. Von draußen hören Sie so gut wie keine Geräusche, nicht einmal die Lastwagen auf der Schnellstraße. Jedes Zimmer hat Telefonanschluss. Mein Mann wird eine Liste der Dinge anfertigen (und Leonie sieht Julian eine Liste anfertigen), die vom Nachmieter übernommen werden sollen.
Leonie ging zum Fenster: Herrlicher Gipfelblick über die wolkenverhangene Stadt. Prächtige, farbige Wolken. Mir gefällt die Perspektive so. Auf dem Fluss weit hinten waren die Schiffe gerade noch unterscheidbar. Ein harmloses Samstagmorgenidyll. Die Frau hatte schulfrei, Julian war für ein paar Stunden beim Funk (ich wollte dir nur einen guten Morgen wünschen, Leonie), am Abend würden sie ins Theater gehen oder ins Konzert, oder sie waren bei guten, alten Freunden zum Essen eingeladen.
Aber Leonie besichtigte an diesem Morgen Julians Wohnung.
Aus den Wolken glitt, wie zu Reklamezwecken bestellt, eine Maschine der Lufthansa. Selbst der Rauch der Schornsteine (sagte Leonie laut) sieht von hier oben niedlich aus. Eine naive Bilderbuchmalerei: UNSERE STADT.

Auf dem breiten, überdachten Balkon (die Überdachung machte das Wohnzimmer ein wenig lichtarm) stand eine Hollywoodschaukel und in einem weißen Kübel eine Palme (die überwintern wir sogar draußen, weil sie nicht mehr durch die Tür passt). Wir werden sie den Nachmietern zum Einzug schenken müssen, sagte die Frau. Bis Ende nächster Woche wissen wir genau, wann wir ausziehen.
Wie wunderbar, sagte Leonie (das Wort benutze ich doch sonst nie), wie WUNDERBAR Ihre Sonnenblumen draußen leuchten! Sie drückte mit beiden Händen ihre Tasche an die Brust. Als sie sich der Geste bewusst wurde, hängte sie die Tasche (mit einer raschen Bewegung) über die Schulter, und die Frau sagte, den Strauß hat mein Mann vom Markt gebracht. Und: Weil die Gardinen dieselbe Farbe haben wie der Teppichboden, wäre es sicher am günstigsten, sie zu übernehmen. Falls Sie Interesse an der Wohnung haben, können wir darüber sprechen.
So wollte ich auch sein können, dachte Leonie (warmherzige Kultiviertheit), bald fange ich zu heulen an, wegen irgendeiner verdammten Rührung, oder weil ich geschwächt bin und nur noch aus bloßliegenden Nerven bestehe, seitdem ich erkältet bin. UND JULIANS FRAU WIRD MICH TRÖSTEN! Sie würde Leonie über das Haar streichen und (ein wenig begütigend und ein klein bisschen überlegen vielleicht) sagen: Ich weiß es doch schon lange.
Wenn Leonie dann vernünftig ist und nicht verrückt werden will, bleibt ihr nur der Tod. Woher habe ich nur diese Rührseligkeit, fragte sie sich, als sie vor Julians Bücherschrank stand, der über zwei Wände vom Boden bis zur Decke reichte. Sie haben eine tolle Bibliothek (die seit Jahren auch meine Bibliothek ist). Ja, die Bibliothek ist der Stolz meines Mannes (wie er hier am Schreibtisch sitzt und STOLZ IST auf seine Bücher). In vielen dieser Bücher hat Leonie Stellen angekreuzt, Sätze unterstrichen, Schokoladenflecken oder Flecken von verschwapptem Kaffee hinterlassen. Sie könnte

das dunkelblaue Lexikon der Gegenwartsliteratur herausziehen und aufschlagen. HIER: Alles meine Zeichen. Julian hat mir den Band gebracht, als ich den Artikel über die Mayröcker schrieb.
Aber Julians Frau sagte mit ihrer seelenkräftigen Stimme, dann gehen wir mal ins Esszimmer weiter (das hat so eine schreckliche Durchreiche in die Küche). Auf der Anrichte stand eine Schale mit Obst und rechts (so schräg hin) eine Fotografie von Robin. Oder ist es ein Jugendbild von Julian, hätte Leonie fast gefragt. Die Einbauküche soll übernommen werden. Auf der Spüle stand die leere Glaskanne der Kaffeemaschine. Aus dem Backofen strömte noch Wärme (welche Wohltat), und es roch nach aufgebackenen Brötchen.
Kaum hat Julian die Wohnung verlassen, geht die Frau ordnend durch die Räume und singt und summt, bevor sie sich an den Tisch setzt, um Mathematikarbeiten zu korrigieren. Sie tut nur die tatsächlich notwendigen Bewegungen, sie fährt sich beim Schreiben nicht mit der anderen Hand durchs Haar (ihre etwas altmodische Aufsteckfrisur bleibt unversehrt), sie kratzt sich beim Nachdenken nicht am Kinn und am Hals (ihre makellose Haut bleibt ohne Pickel und Kratzer). Sie würde ihre Arbeit beendet haben, wenn Julian von der Redaktion nach Hause kommt. Ein wenig müde und gereizt nimmt er den Sherry, den sie ihm anbietet (während sie ihm zuhört) und später würde sie erwähnen, dass eine Interessentin da war für die Wohnung, und sie würde das ohne Zusatz sagen, denn es kommen viele Interessentinnen, wenn es eine Wohnung zu mieten gibt.
Als es dreimal kurz an der Tür läutete, erschrak Leonie fürchterlich. Sie kannte das Klingelzeichen, Julian würde früher zurück sein, er wird seinen Hausschlüssel vergessen haben! Schauen Sie sich schon einmal im Bad um (sagte die Frau, warum auch nicht freundlich und gleichmütig), dort

sind die gleichen italienischen Fliesen wie auf der Gästetoilette, nur in Weiß.
Über der Wanne hingen Julians Hemden zum Trocknen. Auch das beerenfarbene Sommerhemd mit den kleinen Tupfen, das Leonie bei Lefers am Dom gekauft hatte, hing dabei. Sie hörte die Frau mit dem Briefträger verhandeln.

JULIANS HEMD
JULIANS FRAU
JULIANS STOLZ
JULIANS SOHN
JULIANS WOHNUNG

Leonie machte im Badspiegel den Mund breit und spitzte dann schnell die Lippen wie zu einer Gymnastik. Dann bog sie die Mundwinkel herunter, dass ihr Gesicht verachtend und böse wurde.
JULIANS ALLES
Leonies NICHTS
Sie drängte sich an der erstaunten Frau und dem Briefträger (der offenbar ein Paket für die Nachbarwohnung hatte) vorbei. Während sie bereits ansetzte, um die Treppe hinunter zu rennen, sagte sie, VIELEN DANK, die Wohnung sei ihr zu groß. Vielleicht, wenn sie gar nichts Passenderes finde, würde sie sich wieder melden. UND DER SCHIRM (Julians Geschenk)? Die Frau rief ihr vergeblich nach.
Benommen und erschöpft, als habe sie gerade eine schwere Arbeit verrichtet, ging Leonie (die Fahrt im Bus hierher hatte eine Stunde gedauert) zu Fuß nach Hause zurück. Erst als es wieder zu regnen anfing, fiel ihr der Schirm ein, der noch in dem Messingständer im Flur von Julians Wohnung stand. Das Bild (oh, Julian, so einen hübschen Schirm habe ich noch nie gehabt) ließ sich nicht mehr wegdenken.

(Die Frau hebt vor dem Spiegel Leonies Haar hoch und lässt es durch die Finger gleiten. Sie sollten die Frisur etwas kürzer tragen, Liebes, Julian spricht oft davon, dass ihm ihr Haar eigentlich zu lang ist und ein wenig zu farblos. Die Frau steht ganz dicht an Leonies Rücken, so dass Leonie nicht ausweichen könnte, wir werden gleich mal schauen, ob er schon aufgewacht ist, wissen Sie, mein Mann schläft morgens lang, weil er in der Nacht an seinem Roman arbeitet. Sie lacht ein Matronenlachen: ICH LASSE IHN IMMER SCHLAFEN, SO LANGE ER WILL. Die Frau öffnet eine Tür und schiebt Leonie, die mutig sein will, in ein Schlafzimmer.
Über dem Doppelbett liegt eine silberne Tagesdecke. Ein Geschenk Julians zu unserem 25. Hochzeitstag. JULIANS GESCHENK. Julian ist ein großartiger Schenker, diese Decke ist so schwer, dass man sie nie herunternehmen kann, sie wird ewig auf dem Bett liegen bleiben. Leonies Blick fällt auf die Tapeten. Sie sind aus demselben dezenten Silberstoff, und in einer Nische leuchtet eine Ewige Lampe. Vielleicht wäre alles anders, wenn ich auch katholisch wäre, denkt Leonie, eigentlich wäre ich gerne katholisch, obwohl doch Julian seit Jahren aus der Kirche ausgetreten ist.
Der Raum ist hoch und lang. Weit weg, am anderen Ende, dem Bett gegenüber, steht ein Steintisch. Dort sitzt Julian. Er muss Leonie und die Frau sehen, aber er gibt kein Zeichen.
Die Frau sagt, bei seinem Frühstück darf er keinesfalls gestört werden. Jetzt erst erkennt Leonie, dass ein fürstliches Frühstück gerichtet ist. Natürlich, so frühstückt er jeden Tag, ihr fällt ein, dass sie das schon einmal gewusst hat. Als wäre sie ein Kind, blickt Leonie hoch und nimmt dankbar die Hand der Frau (kommen Sie doch, Liebes).
GEMEINSAM SCHREITEN SIE JULIAN ENTGEGEN.
Von der Kirche her (wie konnte ich nur die Kirche vergessen haben) setzt Orgelmusik ein. Antonio Vivaldi. Genau die Musik hat Leonie erwartet. Auch Julian wird wissen, dass es

Vivaldi ist, denn manchmal spielt er diese Melodien auf Onkel Emils Geige.
Aber jetzt liest er in einem dicken Buch bei seiner Frühstückstafel. In einer ovalen, mit trübem Wasser gefüllten Schüssel liegt ein Fisch. Auf Julians Teller: Fischköpfe und Gräten. Als Tafelaufsatz dient ein kunstvoll geflochtener Korb, in dem Früchte, Gemüse und Blumen arrangiert sind. ALLES PLASTIK, ruft die Frau, aber Julian wünscht es so, und man kann ihm keinen Wunsch abschlagen.
Die Frau, die keinen Wunsch abschlägt. Leonie stellt sich das so vor und kichert (ein wenig blöd): Ja, gerade die Wünsche, die man ihm eigentlich abschlagen sollte, sind meistens seine besten! Auch die Frau lacht, ohne Verlegenheit. Ist Julian beim Lesen eingeschlafen? Oder er hat die Augen zugekniffen, weil ihn die Sonne blendet, die vom Garten hereinscheint, wo ein Brunnen steht.
Der Kreuzgang, sagt die Frau leise erklärend (und hält dabei Leonies pastellfarben geblümten Schirm hoch) öffnet sich gegen den Klosterhof.
Erst jetzt merkt Leonie, dass sie ein Kloster besichtigen. Sie schämt sich, weil sie die Kapitelle und Pfeiler vorher nicht bemerkt hat. Sie blamiert sich vor JULIANS FRAU, DIE ALLES WEISS. Leonie weiß nichts über Klöster und Kreuzgänge, sie wird die Jahrhunderte verwechseln und die Stilepochen. Wüsste sie wenigstens, wann das Mittelalter angefangen und aufgehört hat, damit sie sich mit der Frau (die als Mathematiklehrerin Zahl um Zahl nennt) verständigen kann.
An der Wand, über Julians Kopf, ist ein Steinrelief angebracht. Julian, sagt die Frau, wahrt das Rechteck des Steines, aber er hat den ganzen Stein mit Figuren gefüllt. Er ist ein idealer Bildhauer.
Demütig kniet Leonie nieder und legt ihre Fingerspitzen auf den Tisch. Sie weint und denkt, das ist gut so. Ich kann mit weit geöffneten Augen schöne Tränen weinen, und dafür muss ich danken.

Über dem Steinrelief steht in gotischer Schrift:

VOM SCHMERZ BEGATTET, GEBIERT DIE LIEBE WUNDERBARE SÄTZE

Leonie lacht auf. Er wird sich (ruft sie) für seinen Roman einen anderen Titel überlegen müssen, ein solcher Titel ist ein Witz, warum nur muss Julian überhaupt so unmögliche Romane schreiben. Die Frau (empört) hält ihr den Mund zu. Natürlich, so ein Lachen passt nicht in das Bild. Leonie genießt es, wie ihre Tränen fließen (dass bloß die Lider nicht anschwellen), meine Tränen müssen so malerisch sein, dass sie sogar die Frau rühren. Sie wird bei Julian für mich bitten.

Endlich blickt Julian auf und sagt (nicht mit Radiostimme): Leider kann ich nicht hier sein, obwohl ich kommen wollte, aber ich war zu müde, um die Wohnung zu verlassen. Seit Tagen liege ich wie krank im Bett und kann mich nicht bewegen, und als ihm Leonie in die Augen schaut, sieht sie, dass er es wirklich gar nicht selbst ist.)

Neuigkeiten

GRAZIELLA

Graziella hatte er geheiratet, denn er liebte sie wirklich. Er liebte sie, und Graziella war eine junge Rechtsanwältin, die sogar nach anstrengenden Nächten morgens frisch in der Kanzlei hinter ihrem Schreibtisch saß und so verständnisvoll lächelte, dass die Klienten nicht nur selbst gerne wiederkamen, sondern auch noch ihre Verwandten und Freunde schickten.

Tatsächlich hätte er es nicht besser treffen können. Mühelos schenkte sie ihm in den ersten Jahren ihrer Ehe einen Sohn und dann noch einen und noch einen. Denn an Zimmern mangelte es ihnen nicht, weil Graziella von ihrer Großtante eine Villa in einem Garten mit altem Ulmenbestand geerbt hatte. Eher war es schon ein Park, der noch dazu an ein Weingut grenzte, und unten war der Fluss.

Wenn die Kleinen in ihren Zimmern auf die an die Fenster gerückten Stühlchen kletterten, konnten sie hinuntersehen zu den Lastkähnen und Ausflugsdampfern, die vorbeizogen und tuteten. Und auch er stand oft dabei und zählte, an verregneten Nachmittagen, wenn den Kindern der zähe Schleim in den Nasenrinnen hing und der Spaziergang im Park unmöglich schien.

Indes saß Graziella in der Stadt hinter ihrem Mahagonischreibtisch und lächelte. Und weil Graziella fleißig war, konnten sie sich auch noch nach der Tochter eine komfortable Urlaubsreise leisten, die wochenlang dauerte.

Dort planschte Graziella mit den Kindern unter der abendlichen Tropensonne im Pool, und er, seine breiten Schultern längst mahagonifarben gebräunt, kletterte auf die Palmen hinauf und warf Kokosnüsse auf den Golfrasen, um mit deren Milch für Graziella den Cocktail zu mixen, den sie so gerne trank. Und nachts gingen sie tanzen.

Er war sehr glücklich. Er ertrug es nur nicht, wenn Graziella ihn verständnisvoll anlächelte. Und eigentlich ertrug er es immer weniger. Da war er doch empfindlich.

Zu empfindlich, stellte Graziella mit Recht fest, als zum Ende des letzten Drittels hin bei einer Inselrundfahrt in sengender Hitze der Autoreifen platzte und gewechselt werden musste, während die Kinder im spärlichen Schatten Schreie vor Durst und Hunger ließen, denn zum Mittagsbuffet hatten sie längst zurücksein wollen.
„Das ist doch nicht dein Ernst!" sagte er zu Graziella, den Kreuzschlüssel in der Hand, und der Schweiß strömte nur so aus seinem Gesicht. Aber immer frisch in ihrem weißen Strandkleidchen, lächelte Graziella ihr Klientenlächeln noch einmal. Da warf er ihr zuerst den Kreuzschlüssel vor die lackierten Zehennägel und dann den Ersatzreifen hinterher und verschwand wortlos, das Geschrei der Kinder missachtend, in die entgegengesetzte Richtung.
Aber weil er Graziella wirklich liebte, kam er am nächsten Tag zurück.

Vom Balkon aus sah er zu, wie sie mit den Kindern im Pool planschte. Und das rührte ihn. Als sie heraufkam, versöhnten sie sich auf der Stelle. Spätabends saßen sie bei ihrem Cocktail im illuminierten Hotelgarten, und dann erst fragte ihn Graziella in das Gezirpe und Gezetere der Nachttiere hinein, wo er denn gewesen sei.
„Fort!" antwortete er bloß.
Und als sie verständnisvoll lächelte, stand er mit einem Ruck auf und scherte sich nicht um ihr reuevolles Bitten.

Jahre später, da war sein Trampelpfad, zwischen dem nachbarlichen Weingut und dem Fluss und um die Jugendstilvilla herum, längst zugewachsen, kam er zurück. Unter dem Jubel der Kinder stieg er aus einem der tutenden Lastkähne, die sonst nie dort anlegen, an Land, und auch Graziella war so sehnsüchtig und unverbraucht, wie er sie verlassen hatte. Erst nach Neujahr, da war er schon richtig wieder eingewöhnt, erzählte er ein wenig von seinem Hin und Her und von seinem einsamen Herumlaufen in der Welt. Sie saßen vor dem prasselnden Kaminfeuer, er im Lehnstuhl und Graziella ihm zu Füßen auf dem Bärenfell. So blickten sie eine Weile in dieselbe Richtung, und weil er doch wirklich lange nichts mehr sagte, streichelte sie seine Knie und blickte zu ihm hoch.

Sie hatte noch nicht zu Ende gelächelt, da war er schon aufgesprungen. Diesmal nahm er das Flugzeug. Aber sie behielt ihn in guter Erinnerung.

KEIN KÖNIGSWEG

An einem hochsommerlichen Markttag kamen, obwohl es noch früh war, schon viele Käufer mit ihren Körben und Taschen an die von Sonnensegeln überdachten Stände, wo üppig dekoriert die Früchte auslagen. Besonders um einen Händler scharte sich bereits eine Menge, denn er rief so laut hinter seinem polierten Obst und den Salaten. Immer wieder schlug er beide Fäuste auf die Brust und klagte mit zum Himmel gerecktem Gesicht:

„Hier, sehen Sie doch, die Tomaten! Eben leuchten sie noch prall und rot, aber wenn sie in der Hitze liegen, werden sie schon morgen matschig sein und das Wasser unter sich lassen. Und dieser Krautkopf! Er ist bloß von ganz wenigen Sommerläusen befallen, die sich jedoch in der Trockenheit tausendfach vermehren, so dass in kurzer Zeit kaum ein Blatt übrig sein wird. Kaufen Sie, bevor meine unwürdigen Waren verderben! Ich weiß, es ist vollkommen unzumutbar für die Kunden, in der Sonne zu warten, bis sie an der Reihe sind. Leider ist ja das Dach meines Standes nicht breit genug und kann nicht jeden schützen. Dabei hetze ich mich ab und will alle gleichzeitig bedienen, und das Kommen und Gehen scheint mir endlos, dass ich ganz schwach werde.
Sehen Sie, ich knicke schon ein, und der Kopf hängt schwer an meinem Hals, aber einmal muss es zu Ende sein, es ist unmöglich, und wäre gegen alle Gesetze, dass es dauert.
Hätte ich eine Erfrischung gerichtet, wenigstens ein Glas schalen Wassers, das ich Ihnen anbieten könnte, derweil Sie auswählen, und hätte ich zwei, drei Stühle hingestellt, damit Sie sich einen Moment lang setzen, bevor Sie ermüden, so wäre alles viel angenehmer.
Aber wenn Sie nicht kaufen, fehlt mir morgen das Geld für den Bauern, von dem ich das Gemüse beziehe. Nicht eine einzige Kartoffel wird er mir überlassen, und dann komme

ich erst gar nicht her, und Sie werden sehen, wie Sie leer ausgehen und wie Sie nicht wissen, was Sie kochen sollen."

Der Händler in seinem Jammer war immer leiser geworden, schließlich nuschelte er, kaum noch hörbar. Als sich zwei Frauen abwenden wollten, eilte er hinter seiner Theke hervor und hielt die Frauen halbwegs kniend an den gebauschten Röcken fest. Er schrie:

„Es wird Ihre Schuld sein, wenn diese Äpfel verfaulen. Fehlt Ihnen sogar dafür die Fantasie sich auszudenken, was passiert, wenn Sie jetzt einfach fortgehen? Bleiben Sie! Nehmen Sie eine Kostprobe, der Bauer gibt an guten Tagen manchmal etwas gratis, so dass Sie ruhig einen Schnitz essen können, ohne schlechtes Gewissen. Sie werden sofort schmecken, es ist nicht ungenießbar, obwohl man selbst oft blind bleibt für das, was man liebt."

Die jüngere der Frauen riss sich los und verschwand beschämt zwischen den anderen Ständen. Die ältere aber drohte dem Händler, der die Arme um ihre Hüften geschlungen hatte, mit einem Stock, bis die Leute dazwischenfuhren. Der Händler konnte überwältigt und, indes er kaum noch atmete, unter seine Theke gerollt werden.

Die Aura der Maria M.

Wie Heiner nächtens an der Ecke neben seinem Hund stand und wartete, sah er hinten die zwei Hochhäuser der Straße lautlos umsinken.

„Die Fenster sind schon fast alle dunkel gewesen, und die Leute in ihrem Schlaf merken nichts. Andauernd sollte man besorgt sein, obwohl man weiß, dass sowieso alles ein Ende nehmen wird. Wenn ich jetzt hinrenne und mich dabei völlig außer Atem bringe, wird es doch keinem mehr nützen. Ich meide die Aufregung, die mir nur schadet, denn ich bin seit langem müde. Bloß der Einsamkeit habe ich mich immer gestellt, nämlich wer einsam ist, kann niemanden verlieren und braucht sich nicht zu kümmern. All die zwecklosen Redereien machen dumm, nur zu mir selbst kann ich nichts Falsches sagen.
Im Seichten quälen sich die Tage dahin, obwohl die gewesene Zeit dann immer kurz erscheint. Ich habe mir die Abstände erlaufen und mein Dasein in den Zwischenräumen eingerichtet, wo sich nur noch die Jahreszeiten wiederholen. Dort gelingt mir manchmal die Übereinkunft von Außen und Innen, und ich bin eins mit meiner Schwermut. Auch wenn mich die Schwermut schier blöd macht, ist sie doch mein Idealzustand. Niemand kann mir etwas anhaben, denn ich belästige keinen. Die Stöße meines Herzens werden abgezählt sein, längst denke ich nicht mehr an Anschaffungen. Wenn ich im Bett liege und die Schläge oftmals aussetzen, beruhigt mich, dass eine Krankheit das Leiden höchstens beenden kann. Dann warte ich gespannt und horche, und wenn ich nicht schlafen kann, gehe ich ein Quadrat mit dem Hund.
Keiner wird mir nachweisen, ich hätte jemals Stellung bezogen oder mich überhaupt zu einer lächerlichen Meinung aufgeschwungen. Jede Meinung, die heute gültig ist, wird über

Nacht gänzlich bedeutungslos, vielleicht sogar falsch sein und die Gemüter mehr verwirren. Alle Kraft ist von Vorneherein verschwendet, wendet man sie für Ideen auf. Niemals ist durch irgendein Tun etwas dauerhaft verbessert worden, nicht einmal halbwegs verändert. Die Leute machen einen Haufen Geschrei, um den Grund dafür sofort wieder zu vergessen, denn das Wissen um die Vergänglichkeit bestimmt jeden, auch wenn man an nichts Verfängliches denkt, ist es so gewaltig, dass daneben jedes Ereignis zunichte wird.
Mein einziges wirkliches Laster mag die Ungeduld sein, mit der ich auf die Sekunde vor dem Tod hinlebe. Ich meide, was mich schwächen könnte. Alles dient nur der Vorbereitung für diesen einzigartigen Augenblick vor dem Ende. Da reißen sie die Mäuler auf und bemächtigen sich als Hilfsbereite über andere, sie ersticken sich in gegenseitiger Rücksichtnahme. Aber am schlimmsten sind die, die tatsächlich zu lieben vorgeben, wie dieses Liebespaar dort auf der anderen Straßenseite, wo die Frau, während sie mit ihm schäkert, schon zu mir herüberschielt. Und ich denke: ‚Wehe euch! Ihr müsst die Nacht miteinander verbringen'."

Heiner zerrte das Tier, das sich den Hintern auf den Platten reiben wollte, weiter und bog in die Straße ein, wo nur Bungalows in ihren Gärten stehen.

Wirkung auf andere

Da die alten Räume längst nicht mehr ausreichten, war die Firma Johannes Ungureit & Partner Anfang letzten Jahres in das oberstes Stockwerk eines gerade fertiggestellten Bürohochhauses gezogen.
Die Fensterbilder dort oben, oft genug hinter den Jalousien verdeckt, zeigten nur die Tag- oder die Nachtlandschaft. Jahreszeitlos das Außen und Innen. So wollte Johannes Ungureit leben.
Hier spielte er seinen Traum von Grandiosität. Er sah aus wie ein Bild von Gesundheit. Nur die zuweilen brennenden, schwermütigen Augen hätten ihn verraten können.
Er hatte ein starke Wirkung auf andere. Er hatte Macht. Er regierte.
Seit er in seinem Büroeigentum im 28. Stockwerk saß, ließen auch seine Erstickungsanfälle nach, die ihn manchmal nachts attackiert hatten.

Wegen dieser Erstickungsanfälle unklarer Ursache hatte er sich sogar jahrelang einer Analyse bei einer Therapeutin unterzogen, die er aber immer wieder durch irgendeinen Nonsens von der Fährte lockte. Er ging hin, weil ihn die Situation amüsierte. Nebenher dachte er an nichts als an eine Gelegenheit.
Er liebe seinen zu Augenblicken des Glücks fähigen Körper doch.
Aber auch die Therapeutin langweilte sich danach sofort. Johannes Ungureit genoss es, ihre Langeweile zu spüren. So wurden sie einig.

Seine kleine Frau war in einer anderen Stadt, nicht weit weg, geblieben. Nur die Kinder traf er ab und zu. Söhne, die bedeutend sein würden. Johannes Ungureit kenne sich aus. Durch die Therapie habe er sich Zugang zum Unbewussten

verschafft. Neue Möglichkeiten zur Bemächtigung. Längst fürchtete er nichts mehr.
Nur manchmal ließ er zu, dass er getäuscht wurde. Das Fairplay unter Geschäftsleuten. Wann Johannes Ungureit verlor, bestimmte er selbst.

Kein Jahr nach dem Umzug, vermutlich schon am Nachmittag des Vierundzwanzigsten, starb Johannes Ungureit, allein an seinem Schreibtisch sitzend: den Hals auf der Kante wie zum Enthaupten gerichtet, das Gesicht seitwärts gedreht mit Blick in das Gesteck hinein, das die Sekretärin zu Beginn der Adventszeit hingestellt und wöchentlich gegen ein frisches ausgetauscht hatte. Auch darauf achtete Johannes Ungureit.

Der Sessel war ein wenig nach hinten weggerutscht. Die Arme hingen überlang herunter, als hätte er mit beiden Händen etwas vom Boden aufheben wollen.
Aber auf dem Boden lag nichts.
Der Raum war ordentlich. Keinerlei Akten oder Papiere.
Auf dem Schreibtisch: Telefon, PC, Sprechanlage, das mit Kunstschnee verzierte Gesteck und Johannes Ungureits Kopf.
Nichts deutete auf eine Arbeit hin. Er trug einen Abendanzug. Modisch geschnittenes, violett glänzendes Jackett, die Schuhe wie gelackt. Er hatte keine Socken an. Die Armbanduhr zeigte Zeit und Datum.
Auf einem Glasteller in der Mitte des sechseckigen Konferenztischs faulten zwei Bananen.
Erst nach Neujahr wurde Johannes Ungureit gefunden.
Arzt, Kriminalpolizei und Presse trafen zusammen ein. Später kamen die Frau und die Söhne. Wie sieht eine Leiche nach über einer Woche aus? Die Sekretärinnen stellten im Besprechungszimmer Kaffee und Gebäck bereit, als wären sie darauf eingerichtet gewesen.

Es gab keinerlei Hinweise auf ein Fremdverschulden. Auch schien der Eifer der Kommission in Johannes Ungureits Angelegenheit nicht besonders groß.
Er sei lieber von sich aus gestorben, als auf den Tod zu warten.
Ein Bestattungsunternehmen konnte beauftragt werden. Als schon nach wenigen Versuchen feststand, dass der Sarg weder in einen der Aufzüge noch durch das Treppenhaus passte, zog die Frau ein Bündel Geldscheine aus ihrer Handtasche und gab es den Leuten.

Niemand wollte Johannes Ungureit vom 28. Stockwerk hinuntertragen, obwohl anderswo bei ähnlichen Fällen doch immer Lösungen gefunden wurden. Die störanfälligen Aufzüge seien für Leichen ungeeignet.
Es war schon dunkel. Eine Frostnacht. Die Frau schickte alle nach Hause und ging nach einer Weile auch, ohne sich umzuwenden.

Am nächsten Morgen sagte niemand etwas wegen der Spuren von Maurerarbeiten, die doch jeder bemerken musste.
Wo die Tür zu Johannes Ungureits Zimmer gewesen war, über der ganzen Wand vom Boden bis zur Decke, stand ein solider, fest eingebauter Aktenschrank. Sogar die Lichtleiste mit den Halogenstrahlern funktionierte.
Als hätte es Johannes Ungureits Zimmer nie gegeben.
Geübt hielt man Reden, bevor der leere Sarg hinuntergelassen wurde.
Langsam fiel ein wenig Schnee, es war eine Traumbeerdigung.

In Form von Darlehen, Lebensversicherungen und dergleichen bekamen die Angestellten hohe Abfindungen. Die Firma wurde aufgelöst. Die Söhne der kleinen Frau hatten kein Interesse.

URLAUB MIT EINER TOPFPFLANZE

Die Kolleginnen im Büro hatten ihm zum vorletzten Geburtstag neben einer roten Seidenkrawatte eine Topfpflanze geschenkt, und weil im darauffolgenden Sommer, als er auf die Siams gebucht hatte, sowohl die Familien mit den Kindern von oben und unten als auch die beiden Damen der Wohnung gegenüber verreist waren, nahm er im Handgepäck die Pflanze mit, an der er, wenn nicht mit Zärtlichkeit, so doch durch Gewöhnung hing, wie sie fast zwangsläufig beim alltäglichen Miteinander entsteht, und überdies hoffte er seit Langem auf eine Blüte und wollte keinesfalls die eventuelle Frucht seiner sorgfältigen Pflege und Zuwendung verpassen während der Abwesenheit; auch hielt er die Klima- und Zeitveränderung für einen Anreiz zum Gedeihen.

Allen Befürchtungen zum Trotz war es lächerlich einfach, die Pflanze samt ihrem porzellanenen, mit feuchtem Torf ausgepolsterten Übertopf im Handgepäck durch die Flughafenkontrollen zu bringen, und da es sich um einen Tagflug handelte, er an einem Fensterplatz saß und eher schmalhüftig war, konnte er die Plastiktüte, die er aus der Stadttasche gehoben hatte, derart neben sich platzieren, dass es die Pflanze auch während des mehr als zwanzigstündigen Fluges niemals dunkel hatte.
Einzig beim Transfer in dem vollklimatisierten Reisebus zum Hotel konnte die Pflanze wirklich gelitten haben unter dem nun zugezurrten Reißverschluss der Tasche, was dann auch, endlich in dem unterkühlten, düsteren Einzelzimmer, das außerdem auf der meerabgewandten Seite zu einem Wirtschaftshof hin und über den Gerüchen der Küche lag, deutlich wurde, denn die feingefiederten Blättchen hingen matt an ihrem verbogenen Stamm.
Er schob den Stuhl, der neben dem Bett das einzige Mobiliar des Zimmers war, so an das brettlose Fenster, dass

er die Pflanze zwischen diesem und der hohen Lehne einklemmen konnte, wobei der Untertopf herunterfiel und auf dem Steinboden prompt zersprang, so dass die Scherben in dem Torf herumlagen; aber weil es ihm wichtig war mit der Pflanze, drehte er sie viertelstündlich, damit sie von allen Seiten einmal das direkte Licht habe, auch goss er sie dreimal täglich mit abgestandenem Wasser aus dem Zahnputzglas, doch legte sich wohl jeden Morgen ein weiteres leichtes Blatt auf die Scherben und den Torf, bis nur noch ein kümmerlicher Strunk übrig war.

Schließlich vergnügte er sich mächtig bei dem abwechslungsreichen Freizeitangebot am Strand und so weiter, und noch vor Ort heiratete er eine Einheimische, die er schon auf dem Rückflug mitnehmen konnte.

MATTHIAS KÖRSGENS LIEBE

Matthias Körsgen ist weder kurzatmig noch schwitzt er schnell, und er hat eine angenehme, etwas melancholische Stimme.
In seine Todesanzeige werden Mitarbeiter, Vorstand, Aufsichtsrat und Betriebsrat der Hilpert AG schreiben, er habe durch selbstlosen, tatkräftigen Einsatz an verantwortlicher Stelle die Entwicklung des Unternehmens entscheidend geprägt. In ihm hätten sich unternehmerisches Talent und Kompetenz zu einer natürlichen Autorität verbunden. Er sei weit über die Firma hinaus zum Weltbild geworden. Sie würden ihn sehr vermissen usf.

Samstags kommt Matthias Körsgen rechtzeitig von der Firma zurück, so dass er mit seiner jungen, attraktiven Frau, deren einziger Albtraum es ist, nicht mehr jung und attraktiv zu sein, das Theater noch zu Vorstellungsbeginn erreicht. Sie ist seine zweite Frau. Mit der ersten hat er einen erwachsenen Sohn, der ihn nur besucht, wenn er Geld braucht.
Hätte Matthias Körsgen gewusst, dass sich Ehen nach wenigen Jahren zwangsläufig zu gegenseitigen Quälverhältnissen entwickeln, wäre er bei der ersten Frau geblieben. Damals waren sie in einer weißen Kutsche zur Kirche gefahren.
Mit der zweiten hat er niedliche Zwillingsmädchen. Die Familie wohnt am Stadtrand und braucht auf nichts zu verzichten.

Vor einem halben Jahr kaufte sich die eine Tochter auf dem Nachhauseweg von der Schule eine kleine Schildkröte, die bisher nur wenig wuchs. Auffallend war gleich der goldfarbene Panzer, und dass sie ihr Köpfchen wie interessiert zum Betrachter hinaufwandte.

Vom ersten Augenblick an empfand Matthias Körsgen für die Schildkröte eine Liebe, der er, obwohl sie ihm selbst absurd und übertrieben vorkam, immer weniger verbergen konnte. Ihn rühre die absolute Einsamkeit, und nachdem er die Schildkröte, wenn er von der Arbeit kam, oft zwischen Puppen und Bären gefunden hatte, beschäftigte er sich in Gedanken immer mehr mit ihr.
Als er allerdings anfing, der Schildkröte Liebesworte zuzuflüstern, ging er zu einem Freund, der Arzt war. Ihr Blick erinnere ihn an jemanden, er könne sich nur nicht besinnen, aber er müsse die ständig bedrängende Besorgnis loswerden.

Seit dem Arztbesuch verlässt Matthias Körsgen, der Freude hat an eleganten Anzügen und Accessoires, das Haus nicht mehr ohne Schildkröte. Die Hilpert AG kam ohne weitere Nachfragen für die Ausstattung auf. Um den Rand des Schreibtischs ist nun ein Maschendraht gezogen. Nur die schmale Stelle, wo Matthias Körsgen für seine Arme Platz zum Auflegen braucht, ist ausgespart. Man hat ihr sogar ein Bad aus Porzellan mit zwei geschwungenen Rutschbahnen anfertigen lassen und stellt es bei Besprechungen wie als Tafelaufsatz in die Mitte des Konferenztischs.

Zuweilen stimmt es Matthias Körsgen bedenklich, dass niemand ein Wort des Erstaunens äußert.

Abgründe

SILVIA RÄCHT SICH

Oft erzählte mir unser Freund Lorenz stolz von seiner Tochter Silvia aus erster Ehe. Das war etwa 1988.
„Silvia ist seit einem Jahr in Amerika verheiratet, sie spielt Klavier und Cello, und sie arbeitet in einer Bibliothek."
Erst allmählich bekam das vom Vaterherz liebevoll ausgemalte Bild Risse. Silvia habe ihren Mann bei den anonymen Alkoholikern kennengelernt. Lorenz sagte: „Bei meiner Scheidung damals habe ich sie im Stich gelassen. Und jetzt wütet die Schuld in meinem Gedärm. Hast du denn noch nicht gemerkt, was für ein willenloser, feiger Bock ich bin?"

Als Silvia zu Besuch nach Deutschland kam, brachte Lorenz sie zu uns mit: Den Schilderungen nach hatte ich mir keine so witzige Frau vorgestellt. Übermütig schmuste sie mit ihrem Papa auf unserem Wohnzimmersofa herum und blies sich dabei ständig eine ihrer blonden Korkenzieherlocken aus dem Gesicht. Die wickelt den Alten ganz schön ein, dachte ich amüsiert, und dass sie es ihren geschiedenen Eltern doch auch immer nur hatte recht machen wollen. Sie trank mit Genuss von der extra für sie eingekauften Diätcola und rauchte Mentholzigaretten. Bevor sie nach San Antonio zurück reiste, rief sie an: „Es war richtig gemütlich bei euch, auch der Papa war ja ganz entspannt."
Wir kamen ins Gespräch. Mich interessierten die verborgenen Mechanismen, die ihre Beziehung zu Lorenz regelten.
Mit belegter Stimme sagte sie: „Während sich meine Eltern scheiden ließen, schickten sie mich ins Erholungsheim. Da war ich fünf. Ich ahnte nichts. Als ich zurückkam, hatte ich eine geschiedene Mutter, mein Papa war fort und statt ihm wohnte ein böser, fremder Mann mit seinen zwei Töchtern bei uns. Ich gehörte nirgends mehr dazu, denn auch der Papa hatte bald wieder eine neue Familie. Erst bei der Therapie in San Antonio sind mir für diese Zusammenhänge

die Augen geöffnet worden. Und ich habe mir geschworen: Nie im Leben werde ich noch einmal die sein, die verlassen wird."
Ich sah sie als verzweifeltes Kind, das nicht verstand, warum es plötzlich von der Prinzessin in ein Aschenputtel verwandelt worden war.

Ein paar Monate nach ihrem Deutschlandbesuch kam aus Amerika die traurige Nachricht: Silvia lässt sich scheiden. Es folgten viele Liebschaften: Joe, Steve, Mike und andere. Cowboys, die ihren Hut vom Haken nahmen und davonritten. Bevor sie womöglich mit ihr Schluss machen konnten, servierte Silvia die Männer lieber selber ab.
„Aber falls es gar nicht anders geht", schrieb sie, „heirate ich wieder."
Dann: die Geburt von Heather. Den dazugehörigen Vater hatte Silvia schon während ihrer Schwangerschaft entlassen.
Lorenz sagte: „Wir können sie nur bewundern für die Kraft, mit der sie sich über die Wackersteine quält, die sie selber in ihren Weg gehievt hat."
Aber zuweilen erlahmte ihre Kraft. Dann kamen verzweifelte Hilferufe aus San Antonio: Sie muss unbedingt den College-abschluss nachholen, die Schule kostet Unsummen, der Kühlschrank ist kaputt, Heathers Matratze durchgebrochen, das Auto in Reparatur.
Silvia presste ihre geschiedenen Eltern aus. Woher all das Geld nehmen? Seit Jahren war Lorenz krank und arbeitsunfähig, seine Kinder aus zweiter Ehe studierten noch.
Einmal buchte er einen Billigflug nach San Antonio. Es war eine Mutprobe für ihn. „Wenn ich nicht in meinem Revier bin, habe ich Angst davor, meinem Opfer ausgeliefert zu sein", sagte er. Schon zwei Tage nach seiner Ankunft zog er von Silvias Wohnung in ein Hotel.

Jahre später das Happy End: Silvia ließ sich auf einer Achterbahn mit einem amerikanischen Soldaten trauen. In Brian habe sie endlich die große Liebe ihres Lebens gefunden.

„Ich bin wie erlöst von einem Fluch! Hab Dank für die Geduld, die du all die Jahre mit mir gehabt hast!", schrieb sie an Lorenz. Ihre Schwiegereltern schenkten ihr zur Hochzeit ein Klavier.

Sei glücklich, Silvia! Auch ich schickte gute Wünsche. Bald kam ein Foto, auf dem war sie als breitbeinige, lachende Dickmadame in Latzhosen zu sehen, und die Korkenzieherlocken fielen ihr ins Gesicht. Vor lauter Bauch konnte sie sich die Schuhe nicht mehr binden. An einem heißen Julitag wurde Virginia geboren.

In der Überzeugung, nun würde Ruhe in Silvias Leben einkehren, sagte ich zu Lorenz: „Da zeigt es sich einmal wieder, mit der Zeit wird doch alles gut!" Ich sagte: „Jedes Unglück trägt ein Geschenk mit sich, man muss nur die Augen auftun und warten."

Und dann kam auch noch die vom guten Himmel geschickte Botschaft, Brian würde nach Ramstein versetzt. Tatsächlich zog die Familie in die Siedlung der Air Base. „Du kennst doch diese dreistöckigen, langgezogenen Mietshäuser der Amerikaner", erzählte Lorenz, „mit Spielplätzen und viel Grün drumherum." Die beiden Kinder fühlten sich wohl, nur bei Heather klappte es mit dem Essen nicht immer so ganz, aber fast. Auch die rote Katze aus San Antonio war dabei. Zufrieden, schien mir, kam Lorenz von seinen Besuchen aus der Pfalz zurück.

„Sprichst du eigentlich mit Heather und Virginia englisch oder deutsch?", fragte ich. Er machte mir vor, wie sie ihn „Oupa" rufen.

„Oupa! Oupa!" riefen ihn seine beiden texanischen Enkelinnen.

Aber dann kam dieser elende heiße Sommer 2003. Mir ist im Nachhinein, als habe diese ätzende Hitze bereits ab Januar alle Leute und auch die Tiere verrückt gemacht. Unser altes Hundchen stellte das Fressen ein.
Lorenz erzählte mir von einem Traum, der ihn offenbar bedrückte: Silvia habe ihn angerufen und gesagt, sie würde die Kinder zu ihm bringen, weil sie zu Brian fliegen müsse, der jetzt in Kirgisistan arbeite. Auch die Katze habe ihm Silvia bringen wollen, sagte Lorenz. Aber er habe diese Zumutung von sich gewiesen. „Du liebe Zeit, wie sollte ich in meinem Zimmer die Kinder mit ihren Reisebetten unterbringen und dazu auch noch ein Katzenklo? Stundenlang wälzte ich mich nach diesem Albtraum im Bett herum."
Ich antwortete: „Ich weiß nicht mal genau, wo Kirgisistan liegt. Und wozu unterhalten die Amerikaner dort einen Militärstandort? Gibt es den wirklich?"
Jedenfalls nahm er am nächsten Tag trotz der Hitze den Zug Richtung Ramstein. Von dort nach zwei Wochen sein Anruf: „Du, ich bleibe noch. Hier läuft es nicht besonders, eine Krise. Brian hat aus Kirgisistan angerufen und etwas von einer anderen Frau gebeichtet, Silvia ist außer sich."
Ich musste gleich an den Satz denken: „Nie im Leben werde ich noch einmal die sein, die verlassen wird."
Aber ich hatte andere Sorgen. Unser treues, altes Hundchen starb in der Julihitze. Aus seinem Studienort schrieb unser Sohn ein paar Tage später: Für mich war es nur tröstlich, dass er in meinen Armen eingeschlafen ist. Habt ihr es Lorenz schon gesagt?
Als Lorenz an der Haustür läutete, räumte ich gerade für immer den Hundekorb in den hinteren Kellerraum. Die Hand von Lorenz war feucht und zittrig.
Er sagte: „Seit gestern sind Silvia, Heather und Virginia verschwunden. Auch das Auto ist fort."

Ich spekulierte drauflos: „Sie wird in die Schweiz gefahren sein, in die Berge, wo es kühler ist. Wahrscheinlich hat sie sich über Brian aufgeregt und will ihm eine Lektion erteilen. So ein ordentlicher Ehekrach, das gehört doch einfach dazu."
Als ich Lorenz ins Gesicht sah, stellte ich mein Geplappere ein.
Auf elegantem grau-silbernen Briefpapier erklärte ihm seine Tocher, wie sie die Bestattung für sich und seine Enkelinnen wünsche. „Drei schlichte Urnen und ein gemeinsames, kleines Grab." Für die Kosten solle ihre Geldanlage, die im Oktober frei würde, verwendet werden. „Bitte, hilf Brian bis dahin aus." Angewidert betrachtete ich die Schrift mit den Herzchen als i-Punkten. Vermutlich hatte sie beim Schreiben Linienpapier benutzt. Sie wollte doch immer ordentlich sein und sich bewähren.
Polizeibeamte und Angehörige der amerikanischen Streitkräfte begannen mit der Suche. Und die verdammte, in den Wahnsinn treibende Hitze hörte und hörte nicht auf. Mit Hilfe von Hubschraubern und einer Hundestaffel wurde die Gegend durchkämmt. Das Auto war im Wald derart geschickt unter einen Felsvorsprung geparkt, dass es erst nach drei Tagen gefunden wurde.
Silvia, Heather und Virginia waren tot. Stumm vor Entsetzen liefen wir nebeneinander her.
Ich rief gemeinsame Freunde an und erzählte, was Lorenz geschehen war. Eine Freundin brachte die Idee auf, Silvia habe ihre Kinder so sehr geliebt, dass sie sie nicht allein in dieser hässlichen Welt hat lassen wollen. Wütend antwortete ich: „Man sollte sie verscharren, irgendwo weit fort. Wer kann denn so krank sein, Kindern ihr Leben abzusprechen."

Auf welche Weise die Mädchen und die Frau zu Tode kamen, darüber machte die Polizei zunächste keine Angaben.

Aufschluss würden kriminaltechnische Untersuchungen sowie die Obduktion der Leichen erbringen. Das konnte ich morgens beim Frühstück unter „Vermischtes“ in der Tageszeitung lesen.
Als die drei Leichen freigegeben wurden, sagte Lorenz: „Ich muss sie noch einmal sehen. Wenn ich sie nicht mehr sehe, glaube ich nicht, dass sie tot sind.“
Durch die ganzen Prozeduren waren inzwischen zwei volle Wochen vergangen. Und noch immer hatte es keinen Tropfen geregnet.
Ich versprach, Lorenz zu begleiten.

Während der Fahrt nach Ramstein sprachen wir kaum. Schon von weitem sahen wir startende und landende Flugzeuge. Mich verwirrt immer diese gewaltige Ästhetik, die von einer Kriegsmaschinerie ausgeht. Ich stellte das Auto auf den Parkplatz vor dem Militärgelände. Die letzten Meter gingen wir zu Fuß auf die Schranken zu.
„Noch ein paar Schritte, dann sind wir in Amerika“, sagte Lorenz. Tatsächlich war alles eingerichtet wie der Grenzübergang zu einem anderen Staat. Vor dem Kontrollhaus warteten zwei junge Soldaten auf uns, mir kamen sie wie Zwillinge vor. Da ich mich mit Dienstgraden nicht auskenne, sage ich einfach, es handelte sich um Offiziere. Aber sie repräsentierten keinerlei imposante Großartigkeit. Der eine fing selbst zu weinen an, als er Lorenz die Hand gab, um ihm sein Beileid auszudrücken. Zuerst würden sie uns zu Brian fahren und dann nach Landstuhl zum Militärkrankenhaus, wo die Toten lagen. Lorenz stellte mich vor: „*She's a friend of the family.*“ Im Kontrollhaus mussten wir die Personalausweise vorlegen, Fotos wurden von uns gemacht, in Kürze waren Kennplaketten angefertigt, die wir während unseres Aufenthaltes auf dem Militärgelände sichtbar zu tragen hatten.

Als wir im Auto mit den beiden Offizieren vor dem Wohnblock hielten, kam Brian gleich auf die Straße heraus, er trug ein gelbes T-Shirt. Wie ein unglücklicher Junge ließ er sich von Lorenz, der ihn um Haupteslänge überragte, in die Arme schließen. Erst jetzt wurde mir bewusst, dass es sich bei Brian ja um den Schwiegersohn von Lorenz handelte.

Die Toten, hieß es, würden sofort nach unserem Termin ins Krematorium gebracht. Um die notwendigen Formalitäten zu besprechen, gingen Brian und einer der Offiziere eilig in den Wohnblock. Sie kamen mit einem Schreiben zurück, auf dem Brian sein Einverständnis erklärte, dass Lorenz zu seiner Tochter und seinen Enkelinnen durfte.

„*See you later*", sagte Brian freundschaftlich zu mir. Er würde solange in der Wohnung auf uns warten. Von den beiden Offizieren erfuhren wir, dass er unter psychologischer Betreuung stand. Ohne professionelle Hilfe, sagte der, der uns fuhr, kann sowas kein Mensch durchstehen.

Am liebsten wäre es mir gewesen, die Fahrt in der kühlen Limousine hätte nicht aufgehört. Aber schließlich hielten wir an einem hinteren Gebäude des Militärkrankenhauses in Landstuhl, das mir vorher nur aus den Nachrichten bekannt gewesen war, wenn aus Kriegsschauplätzen verletzte Soldaten zur Behandlung eingeflogen wurden. Die beiden Offiziere stellten uns einer Frau von etwa fünfzig Jahren vor. Vermutlich war sie Psychologin und Pfarrerin, jedenfalls für den Umgang mit menschlichen Tragödien ausgebildet. Sie sprach ein angenehmes, leicht verständliches Englisch, und ich spürte ein Vertrauen zu ihr, wie ich es manchmal bei frommen Leuten empfinde. Soviel ich mich erinnere, war der schmale Raum, in den sie uns führte, fensterlos, es fiel nur durch eine Glastür so graues Licht herein. Nachdem die Offiziere Brians Vollmacht der Frau übergeben hatten, verabschiedeten sie sich diskret. Sie benahmen sich wie gut geschultes Personal, das an diesem Tag ganz in unseren Diensten stand. Jemand brachte Stühle und stellte eine

Packung Kleenex bereit, daneben einen Abfalleimer. Ich konnte einfach nicht mehr mit Heulen aufhören. „*You want something to drink*?"
Ich dachte, sowas wie jetzt mit uns erleben die, die hier arbeiten, jeden Tag. Jeden Tag geht es hier um Tote und ihre verzweifelten Angehörigen. Die Frau sprach lange mit Lorenz, bevor sie eine breite Schiebtür aufgleiten ließ, die mir vorher gar nicht aufgefallen war. Noch selten erschrak ich derart, was hatte ich denn erwartet? In einem von Deckenlampen taghell ausgeleuchteten Raum, der die Ausmaße einer Turnhalle hatte, standen verloren, wie auf einem Förderband hintereinander drei mit weißen Tüchern abgedeckte Krankenhausbetten. Hoben sich die Körper darunter ab? Ich habe wenig Erfahrung mit Leichen, ich weiß nicht, wie Tote aussehen, die drei Tage lang in der Julihitze gelegen haben, aber mir wäre es entschieden lieber gewesen, Lorenz hätte es sich jetzt doch anders überlegt. Mein Blick heftete sich auf die Fahne und ein Gesteck mit Trockenblumen. Als wäre es eine Neuigkeit, wunderte ich mich über die amerikanische Fahne im Zusammenhang mit Silvia und den Kindern. Entschlossen stand Lorenz auf. Die Frau schob die Tür von innen zu. Gott sei Dank, dachte ich, sie lässt ihn nicht allein.
Im Taschenspiegel betastete ich meine aufgequollenen Augenlider. Mir kam die bevorstehende Rückfahrt über die Autobahn in den Sinn. Wir würden in den Feierabendstau geraten, vielleicht sollten wir an einer Raststätte etwas essen. Hatte Lorenz überhaupt gefrühstückt, bevor ich ihn abholte? Endlich wurde die Tür einen Spalt weit zurückgeschoben, so dass die Fahne und das Gesteck wieder zum Vorschein kamen. Die Frau sagte, Lorenz sitze bei Virginia und streichle ihre Hand. Vielleicht weil sie dachte, ich verstehe sie nicht, strich sie sich mit ihrer rechten Hand ganz fest über den linken, gekrümmten Handrücken. Immer wieder. So.

„Her hand, Virginia's little hand."

Mir war nicht nach einem Gespräch mit der Frau, die sich aufmerksam neben mich gesetzt hatte. Alles dauerte so furchtbar lange. Vielleicht wartete Lorenz nur, dass ihn die Frau herausholte, was sollte er denn solange allein tun da drin bei den Toten? Als er endlich herauskam, war er das Elend selbst. Warum? Warum? Nach einer Weile meinte die Frau mit fester Stimme, wir sollten nun gemeinsam hineingehen und ein Gebet sprechen. Schon hatte sie die Tür wieder zurückgeschoben und den Saal freigegeben.

„Let's pray."

Lorenz fuchtelte abwehrend mit beiden Armen, er wurde laut. Wie verfolgt, rannte er zum Ausgang. Erschrocken schaute uns die Frau nach. Kaum standen wir in der Nachmittagssonne, fuhr schon wie gerufen die Limousine mit den beiden Offizieren vor.

Brian führte uns durch die Wohnung als wären wir potentielle Nachmieter. Vier Zimmer, zwei Bäder, die Küche in den Livingroom intergriert, der vom Eingang bis zur Terrasse am anderen Ende zu überblicken war. An einer Pinwand hingen Zettel mit Silvias ordentlicher Schrift:

„Keep smiling!"

Think positive!"

„Be happy!"

„Keep thinking happy!"

Er zeigte uns jeden Raum. Bei Heather sah es schon ganz nach Teenager aus. Ihre Schulsachen auf dem Schreibtisch. An die Wände hatte sie Poster von irgendwelchen Stars geklebt. Auch an eine Eisbärin mit ihrem Jungen erinnere ich mich.

Mir fiel auf, dass es in der Wohnung nur verbrauchte, wahrscheinlich von anderen Leuten abgegebene Möbel gab. Aber alles war aufgeräumt und blitzblank, der dunkelrote Boden glänzte frisch gebohnert.

Brian sagte: „Die Nachbarinnen haben gestern aufgeräumt und geputzt.“ Auch die Betten waren gemacht. Es sah aus wie in einem Museum.
In Virginias Zimmer: der Tisch zu ihrem dritten Geburtstag. Ein Bilderbuch, ein Teddy, ein Xylophon, ein rosa Bademantel. Außerdem zwei, drei Happy-Birthday-Karten. Als Silvia das so aufbaute, hatte sie ihren grau-silbernen Brief an Lorenz vermutlich schon abgeschickt, dachte ich bitter. Beim Nachrechnen, wie wohl alles genau war, gerieten mir die Tage durcheinander. Wozu auch? Lorenz zog zwischen Bettchen und Wand eine Schnur hervor, an der hing ein Trinkfläschen, das war mit Wasser noch halb gefüllt.
Als verrate er ein kleines Geheimnis zwischen sich und seiner Enkelin, flüsterte er: „Virginia will nachts immer trinken.“
Neben der Computertastatur auf Brians Schreibtisch lagen Fotos der Mädchen. Mich überraschte, wie erwachsen Heather mit ihren zwölf Jahren wirkte. Sie hatte das kräftige blonde Haar mit den Locken von Silvia geerbt und sah ihr auch sonst sehr ähnlich.
Geduckt lief die rote Katze vorbei und verschwand durch die Terrassentür. Brian holte verschiedene Papiere und setzte sich mit Lorenz an den Esstisch. An Virginias Hochstuhl hing ein fleckenloses, weißes Lätzchen. Mir schien, die Nachbarinnen hatten alles so sorgfältig gerichtet, weil sie irgendwie doch noch hofften, Silvia und die Kinder kämen zurück.
Wie viele Personen wurden zur Trauerfeier erwartet? Sollten Karten verschickt werden? Wer würde eine Rede halten? Lorenz übersetzte Brian den grau-silbernen Brief von Silvia, der Wünsche zur Gestaltung enthielt und auch die Kostenfrage klärte. Brian rauchte eine Zigarette nach der anderen. Sein Auto, hörte ich ihn sagen, würde er in zwei Tagen endlich wiederbekommen, es sei zu einer Spezialreinigung gebracht worden.
Ich saß auf der Couch und sah auf den Fernseher, der tonlos Sportveranstaltungen zeigte. Mir fielen die beiden

Töchter des fremden, bösen Mannes ein, durch die Silvia zum Aschenputtel geworden war, und ich dachte, vielleicht hat sie im Wahn diese Töchter vor sich gesehen, als sie ihre eigenen Kinder ermordete?
Brian las aus dem Bericht der kriminaltechnischen Untersuchungen und den Obduktionen vor.
Demnach hatte Silvia ihren Töchtern mit dem Abendessen Schlafmittel verabreicht. Sie fuhr dann im Auto mit ihnen herum, bis sie schliefen. Vermutlich war ihr das Waldgrundstück, wo sie dann unter einem Felsvorsprung parkte, schon vorher bekannt. Auf dem Rücksitz erstickte sie die schlafende Virginia mit einer Plastiktüte. Inzwischen wachte Heather auf. Sie versuchte zu fliehen, so dass es etwa zehn Meter vom Auto entfernt zu einem heftigen Kampf mit ihrer Mutter kam. Heather verblutete an tiefen Stichverletzungen im Bauch. Mit dem selben Messer brachte sich Silvia danach selbst eine Vielzahl von Wunden bei. Aber sie hatte noch die Kraft, mittels Schlauch die Abgase ins Auto zu leiten und sich zum Sterben auf den Rücksitz zu Virginia zu legen. Der Bericht war detailreich, nie im Leben hatte ich so etwas gehört. Ich weiß nur noch, dass ich mit dem Kopf gegen die Rücklehne der Couch zurückfiel. Als ich wieder zu mir kam, verhandelte Lorenz mit Brian um ein Andenken, seine Stimme klang bittend. Er wollte gerne etwas von den Mädchen mitnehmen, aber Brian schien zu zögern. Mich erboste es, Lorenz als Bittsteller erleben zu müssen.
Ich stand auf und sagte: „Ich möchte jetzt nach Hause fahren.“ Schließlich gab Brian nach. Lange stand Lorenz hilflos in den Kinderzimmern und sah sich um. Von Heather nahm er schließlich ein Schulheft mit, von Virginia einen verschlissenen Stoffhasen.
Wie aus einer anderen Welt kamen die Offiziere wieder vorgefahren und brachten uns zum Parkplatz zurück.
Zur Trauerfeier ging ich dann nicht.

Verwandte aus allen Richtungen reisten an, auch von Brians Seite aus den USA. Es soll eine würdige, nach Sinn und Trost suchende Veranstaltung gewesen sein.
Im Oktober hieß es in Ramstein, Brian sei auf einen anderen Standort versetzt worden. Weitere Auskünfte wurden verweigert. Meine Ahnung bestätigte sich: Die von Silvia für die Bestattungskosten gedachte Geldanlage hatte Brian für sich behalten.
Seit dies alles geschah, verweigert Lorenz die Teilnahme am Leben.
In ihrer ohnmächtigen Wut hat Silvia gründliche Arbeit geleistet.

ENDE DER KUNST

Nachdem Sabine an jenem Morgen die Post aus dem Kasten geholt und den Brief von der Obersten Selektionsbehörde, wie es das Gesetz vorschrieb, dreimal laut gelesen hatte, beschloss sie, ihr Haus zu putzen.

Sie zog das graue Kittelkleid an und wickelte sich den dazu passenden seidenen Schal wie einen Turban um den Kopf. Schuhe brauchte sie keine. Es war Ende Mai, warmes, schon sommerliches Wetter, die Natur gab ihr Bestes. Wie in jedem Jahr lag der fette, gelbe Blütenstaub üppig auf den sonnenwarmen Fensterbänken und blieb dampfend an Sabines feuchtem Putzlappen kleben.
Eigentlich war sie jetzt nicht ratlos.
Nach Christians Tod vor zwei Jahren hatte sie doch längst keine andere Nachricht mehr erwarten können, und nun wollte sie noch einmal dankbar gründlich von außen nach innen vorgehen. Unter dem Balkondach nisteten Schwalbenfamilien. Als Sabine den hartgetrockneten, gesprenkelten Kot einweichte und von den Platten schrubbte, fiel ihr auf, dass die Vögel in diesem Frühjahr wieder besonders schrill zwitscherten. Es war wie das blödsinnige Schreien und Toben auf einem Schulhof oder in einem Freibad.
Sabines Haus hatte nichts Außergewöhnliches, und es stand in einer Straße neben lauter Häusern, an denen auch nichts Besonderes war.
Möbel oder andere Gegenstände, die mehr aussagen sollten, als das, wozu sie zu gebrauchen waren, besaß Sabine nicht. Ihr Ambiente war hell, zweckmäßig und aus solidem Material. Sie pflegte keine Sammelkultur, an den Wänden hingen keine Künstlerbilder. Um so mehr genoss sie ihren Blick in den Garten.
Gründlich putzte sie die Fenster und saugte mit dem entsprechenden Zusatzteil die Zwischenräume der Heiz-

körper aus. Sie saugte auch im Bad alle ihre Haare und Schuppen auf und polierte die Armaturen als wollte sie keinerlei Spuren hinterlassen. Schon früher, als sie noch die Arbeit und dazu eine Familie zu versorgen hatte, schien ihr das Reinemachen im Haus wie eine Zeit der Besinnung, aus der sie aufgeräumt und gestärkt hervorging.
Lange betrachtete sie im Spiegel ihr Gesicht. Zwar wusste sie dem Datum nach, dass sie alt war, aber sie konnte es nicht sehen. Ihre Bewegungen waren noch mühelos, obwohl sie damals während der Wechseljahre etwas zugenommen hatte. Wäre ihr die Rolle einer jungen Frau angeboten worden, hätte sie zusagen können. Sie wäre wieder Julia gewesen. Natürlich. Aber die Überlegung war müßig. Vielleicht sah sie ja wirklich schon aus wie jene Damen früher, die für Seniorenresidenzen warben, als es noch Seniorenresidenzen gab? Sie lächelte das Spiegelbild an und dachte, dass sie, bevor sie abgeholt würde, doch ein letztes Foto für ihre Enkel und ihre Enkelin aufnehmen sollte.
Die kleine Merle, die ihr glich, würde sich vielleicht freuen.
Um eine Pause zu machen, wärmte Sabine das restliche Mittagessen vom Tag zuvor auf und setzte sich damit an den Küchentisch. Gemüse, Kartoffeln, ein Stück trocken gewordener Lachs. Aus dem Radio tönte das erste Klavierkonzert von Chopin. Es war ja erst halb zwölf. Ihr blieben sicher noch viele Minuten, Tausende von Sekunden. Nie zuvor war ihr aufgefallen, wie lange der Zeiger brauchte, um von einer Sekunde zur andern zu hüpfen, spinnbeinig schien er jeweils am Augenblick seines Aufenthalts zu kleben. Als sie etwas unvorsichtig kaute, fing ihr hinterer rechter Backenzahn zu stechen an.
Erleichtert dachte Sabine, dass sie nun nicht mehr zu der nach Kloreiniger riechenden Zahnärztin gehen musste. Die Vorstellung, nie wieder auf diesem unwürdigen Stuhl gequält zu werden, ließ sie triumphieren. Was jetzt vor ihr lag,

ginge gewiss ganz leicht. Heiter, mit Mozarts Requiem dabei, so stellte sich Sabine ihr Ende vor.
In Heiterkeit zu Ende gehen, war längst ihr einziger Wunsch. Sie kochte Kaffee und aß alle Pralinen auf, die sie noch hatte, nur die mit Marzipan gefüllten ließ sie in der Schachtel liegen.
Als sie ein wenig in der Zeitung blätterte, wunderte sie sich kaum, dass da im Feuilleton bereits stand, ihr würde wegen hervorragender Verdienste posthum der Kunstpreis der Obersten Behörde verliehen, denn zuweilen wurde derart vorgegangen. Außerdem kamen ja überall Verwechslungen vor.
Im Haus war es ganz still. Nur die Standuhr vom Wohnzimmer her und die Küchenuhr tickten um die Wette. Als wären sie zwei von einem Übereifer gelenkte Äxte, die einen Baum fällen, dachte Sabine und schrak zusammen, weil jemand an die Haustür klopfte.
Hatte sie die Klingel nicht gehört?
Draußen stand Herr Kranz, der freundliche junge Mann von der Reinigung. Er brachte die Bügelwäsche und den Wintermantel, der nun in einer Plastikfolie steckte. Sabine gab Herrn Kranz reichlich Trinkgeld. Als er fast zärtlich fragte, ob alles in Ordnung sei, antwortete Sabine, ja, alles bestens, Herr Kranz. Und leben Sie wohl. Die Jungen wussten ja alle Bescheid, aber manche waren doch etwas mitleidig. Sie verwahrte den Wintermantel im Flurschrank und legte die Tischdecken in die Lade der Anrichte. Es handelte sich um weiße Damasttischdecken, die auf Stoß gebügelt, gleich aussahen, obwohl sie doch verschiedene Längen hatten. Sabine notierte auf Zettel: Für Tisch normal. Für Tisch einfach ausgezogen. Für Tisch doppelt ausgezogen. Diese Zettel heftete sie jeweils an die entsprechende Tischdecke. Ihr kam die Idee, auch an anderen Stellen des Hauses Anweisungen zu hinterlassen, die die Handhabung der Dinge erleichterten.

In Kürze würde Marie mit den vier Söhnen und der kleinen Tochter hier einziehen, das war doch längst ihr Recht gewesen, sie hätte es gar nicht auf die nun geschehene Weise durchsetzen müssen. Marie ist eine der zum Leiden bereiten Frauen, die sich von ihrem Mann wie ein Gebirgseselchen willlig beladen und reiten lassen. Nicht mein Typ, wie habe ich nur eine solche Tochter vorbringen können, dachte Sabine.
Sie schrieb einen Brief an den Steuerberater und einen an Rechtsanwalt Morschl, der ein Freund von Christian gewesen war. Beide Briefe legte sie auf den Küchentisch.
Gegen Abend goss sie ihre Topfpflanzen und wässerte im Garten die Rosen, die Erde war ja so trocken, obwohl täglich Regen gemeldet wurde. Ihr kam die Idee, dass sie das nun blitzblank geputzte Haus nicht noch einmal beschmutzen musste, wenn sie sich zum Abschluss im Garten wusch. Das kalte Wasser aus dem Schlauch tat ihr wohl. Es war schade, dass sie erst jetzt entdeckte, wie erquicklich es war, sich im Garten hinter den Zypressen einfach nackt auszuziehen und zu duschen. Und was wäre schon, wenn der fleißige junge Nachbar aus seinem Bürofenster herüberblickte? Wie wonniglich das Wasser an ihr herabfloss. Welch ein Augenblick! Sie räkelte sich in der Sonne, die noch kräftig schien, obwohl es schon fast acht Uhr war.
Getrocknet und durchwärmt ging Sabine dann auf Zehenspitzen ins Schlafzimmer und wählte ein letztes Mal ihre Kleidung aus. Ihr schien es wie eine gnädige Begünstigung, dass man sie nicht zufällig überraschte, wie es ja auch oft genug passierte. Sie kannte viele Fälle, bei denen keine Zeit zum Besinnen gelassen worden war. Gewohnheitsmäßig cremte und parfümierte sie sich ein, bevor sie ihre beste Unterwäsche und ihr rotes Abendkleid, das beim Gehen so geheimnisvoll raschelte, anzog. Den Schmuck ließ sie in der Schatulle, auch die goldene Uhr. Vielleicht würde die kleine Merle einmal Freude daran

haben. Als sie durch das geordnete Haus ging, klopfte ihr Herz ganz fürchterlich.
Vielleicht wäre sie doch gerne noch hier geblieben?
Rückgängig ließ sich nichts mehr machen, was einmal beschlossen war, wurde unerbittlich durchgeführt.
Auch mit den Jahren vergaß sie nicht den Schrecken, der in sie gefahren war, als ihr der Personalchef kündigte, obwohl sie gerade in der Woche zuvor den Publikumspreis gewonnen hatte.
Wirkliche Begründungen gab es nicht. Nie.
Gegen neun Uhr setzte sie sich mit dem von Anfang an sorgfältig geführten Familienalbum auf die Terrasse. Da sie ihre Zähne bereits geputzt hatte, trank sie nur noch etwas Wasser, während sie die Fotos betrachtete. Tatsächlich waren sie ja Kinder gewesen, die Braut und Bräutigam spielten. Ihr fiel auf, dass der Christian als Bräutigam und der Christian auf der Israelreise kurz vor seinem Tod keinerlei Ähnlichkeit miteinander hatten. Als wären sie zwei völlig verschiedene Menschen, die noch nicht einmal verwandt miteinander waren.
Merkwürdigerweise, dachte Sabine, ist mir in meinen Sinnen nur der ganz junge Mann geblieben. Als seine Hände noch die des mageren Jungen waren. Eigentlich hatte sie ihn von Anfang an nicht wirklich geliebt, und trotzdem führten sie fünfzig Jahre lang ein gutes Leben miteinander, weil sie ein gutes Leben miteinander führen wollten.
Marie wurde mit seinen ungleichen Augen und den roten Haaren geboren. Sie war seine, nicht ihre Tochter. Vielleicht gibt es ja wirklich nur eine einzige Liebe im Leben und danach keine mehr.
Vielleicht ist es so.
Sie erschrak, als das Telefon läutete.
Marie in Eile: Ich dachte, du bist vielleicht schon weg. Benno will zurückkommen, er hat solche Sehnsucht nach mir und

den Kindern. Endlich weiß Benno, wohin er gehört, sagte Marie.
Sie wird sich in ihrer Angst ein sechstes Kind von ihm machen lassen. Sabine musste sich den Akt in seiner Brutalität ganz bildlich vorstellen. Auf diese Weise ließ sich das Alter bis zu seinem natürlichen Ende verdienen. Sie hatten einander nichts zu sagen.
Vor Erschöpfung schlief Sabine auf dem gepolsterten Terrassenstuhl ein.

Als sie aufwachte, war es Nacht geworden, und die schmale Sichel des abnehmenden Mondes stand schon hoch am Himmel. Und es war unglaublich still, nicht einmal die Autobahn war zu hören. Um diese Zeit sollte eigentlich alles vorbei sein, und nun saß sie noch immer da. Sie zitterte am ganzen Körper. Als sie Licht machen wollte, stellte sie fest, dass der Strom bereits abgestellt worden war.
Zum ersten Mal fühlte sie sich alt und verwirrt, und sie merkte, dass sie eklig roch. Vielleicht konnte sie trotz der Finsternis nach oben gelangen, um wenigstens etwas Zweckmäßigeres anzuziehen? Ihr Kleid war ganz klamm geworden.
Sabine tastete sich zur Garage hinüber, wo, seitdem Benno das Auto geholt hatte, nur noch Gartengeräte und Gerümpel aufbewahrt wurden. Mit Mühe gelang es ihr, den Benzinkanister hervorzuzerren und ins Haus zu schleppen. Sie war ganz zuversichtlich, dass die Menge für etwas Licht und Wärme genügen würde, und ihr schönes, altes Gesicht leuchtete dann auf im Schein der hochlodernden Flammen.
So nahm die Kunst ein Ende.

An gebrochenem Herzen

Jeden Moment könnte das Telefon läuten, der Briefträger klopfen, die Nachbarin rufen usf.
Das Draußen unbewegt wie das Bild von einem Winter (ohne Schnee). Wenige Tautropfen irgendwo, Hoffnungsschimmer. Ich fiele gerne von einem Satz in den anderen, warum kann ich heute morgen nicht von einem Satz in den anderen fallen, auch der Kanarie schweigt in sich hinein. Das einzige Geräusch: von der Küche her das Brummen des Kühlschranks, die Porzellanschüsseln mit den Resten des Vortags scheppern sich an. Ich sollte sie auseinanderrücken (welche Erleichterung), einen neuen Kühlschrank bestellen, der umweltfreundlicher arbeitet, aber ich wundere mich, weil noch so viele alte Blätter in den Bäumen hängen. Ich sollte ein Du erfinden, damit ich jemanden hätte, dem ich von Helma erzählen kann.

Ihr Brille liegt auf dem Sims des Fensters, an dem mein Schreibtisch (mein Esstisch, mein Nähtisch, mein Bügeltisch, meine Ablage) steht.
Mir endlich eine Sprache leihen, weil ich selbst keine habe. Alles (alles) seit Tagen stellt sich als Manieriertheit heraus. Jedes Wort: falsch. Ich erlogen, du erlogen, sie erlogen. In meinen Büchern suche ich nach Beispielen für Helma. Damit ich über DIE WIRKLICHE HELMA schreiben kann, muss ich eine Helma ersinnen.
Ich drehe das Kaleidoskop, in dem Helma als Bild entsteht und zerfällt. Der Winkelspiegel vervielfacht die Bilder. Da sind Helmas in allen Farben. Ich muss mich für eine Helma entscheiden.
Zwischen Sommer und Herbst werden die Brillen in den Schaufenstern auf Bücherstapeln dekoriert. Brillen auf Attrappen, Attrappen auf Büchern. SO SEHEN AUCH SIE BESSER (aus).

Warum nur kommt keine Bewegung in diesen Himmel, eine Zudecke, fleckenlos, unfarben. Ich sehe heute morgen alles unfarben (wäre es wenigstens grau).
Helmas Brille wie eben abgesetzt (gäbe es keinen Staub) und erhöht auf der Kafka-Gesamtausgabe zum Sonderpreis. Daneben der leere Schuber. Daneben die (wenn sie blüht) weiß blühende Stephanotis im weißen Übertopf, auf der dabei steckenden Pflegeanleitung eine Fotografie: So sollst du blühen. Viel Licht, keine direkte Sonne usf. NICHT ZUM VERZEHR GEEIGNET. Daneben: nichts weiter. Es ist ein schmales, vorhangloses Fenster, und der Himmel, als seien zu wenige Strahler eingeschaltet. Ich brauchte nur die Hand nach Helmas Brille ausstrecken.

Wie ich langsam ausatme, lasse ich eine Bewegung entstehen: den Staub wegblasen, die Brille gegen das Fensterlicht halten (auf dem rechten Glas Schlieren). Ein Fingerabdruck von Helma?
Ich sähe mir im Spiegel durch dieselben Gläser in die Augen, durch die sich Helma (triumphierend hier bei mir nach dem Brillenkauf) betrachtete.
Aus dem Bad hole ich den Handspiegel. Ich erschrecke vor der Morgenhaut. Auf diesem Hochglanzfoto, die Federn einzeln ausgerupft. Immer höre ich Helma als Huhn. Ihre Hühnerstimme ruft NA-ONT! Hartnäckig wehrt sie ab, was über das Knowhow von Kochbüchern hinausgeht. Mein im Handspiegel niedergelegtes Gesicht.
Seine Frau ZÄHLE EIN PAAR LENZE MEHR als er, sagte Uwe (Klein-Uwe, später dann). Wer nur brachte mir den ins Haus? Er habe eine Arbeit bei einer Computerfirma bekommen und suche nach einer Wohnung für sich und Helma. Helma noch in Mayen solange. Reden konnte er, ja, reden. Typ Basketballer mit intellektuellem Gehabe. Ihn muss ich nicht erfinden.

Was du sagst (soll Helma rufen) gefällt mir. DAS WILL ICH AUCH DENKEN.
Hätte sie gesagt, was ich sie sagen lasse? Hinter allen Sätzen stünden Ausrufezeichen.

Ich werde nun mit einem einzigen Satz Helmas Geschichte erzählen bis zu dem Tag, an dem sie mit dem Brillengestell von Lux Optik kam:
UWE VERLIESS SIE WEGEN EINER ANDEREN.
Das wäre schon alles.
Aber sie war doch im blühenden Alter. Das Bild von einem Blumenstrauß. Eine Pracht. Statt Schmetterlingen oder Vögeln hellblaue Albumengelchen dazwischen gesteckt. Aus den Wolken herunterschauen. Im Himmel Kartoffeln ernten.
POESIE LÜGT NICHT.
Durch Helmas Brille sehen. Sie liegt als Hüter (oder zu Dekoration) auf der gelben Gesamtausgabe, die sich nun beharrlich (vielleicht für immer) verweigert. Alle Werke von Franz Kafka zum Sonderpreis. An jenem Tag (morgens) gekauft. Am Nachmittag ein wenig darin geblättert:
„19. November, nutzlos verbrachte Tage, sich im Warten verbrauchende Kräfte und trotz allem Nichtstun die wehenden und bohrenden Schmerzen im Kopf. Brief an Werfel. Antwort.“
SO? Bis es läutete.

An der Tür HELMA.
Ich erschrecke über ihre Aufmachung. Nie einen Gedanken ans Jenseits verschwendet. Sie habe die neue Brille gleich aufbehalten, falls es wo drücke, dann gehe sie anschließend gleich nochmal bei Lux Optik vorbei.
Was (sage ich) wird eine Brille mit Fenstergläsern schon drücken. Modell: Liebling wir werden immer Freunde bleiben, aber mein Weg führt in die andere Richtung.

Habe ich je einen Augenblick der Innigkeit zwischen Helma und Uwe gesehen?

Diese Ehe ohne Brille hat Helma hinter sich. Jetzt steht sie triumphierend unter der Haustür mit einem Kuchenpaket von Obermayr, dabei weiß ich doch, dass sie ihr Konto längst überzogen hat, dass sie es schon vor diesem Brillenkauf überzogen hatte. Scheidungsschulden. Wieviel blieb Helma damals noch zum Leben von dem Geld, das sie bei der AOK verdiente? Nachdem das Haus verkauft war und ihr Auto?
Mein im Handspiegel liegendes Morgengesicht. Sich am Morgen schon für den Abend rüsten. Draußen sind die Tautropfen getrocknet, weg die letzten Hoffnungsschimmer. Jeden Moment könnte das Telefon läuten. Jemand könnte vor meinem Fenster nach mir rufen. WÄRE HELMA AN DER TÜR. Ich wäre nicht stärker verwundert als an jenem Nachmittag.

Grüß dich, Helma! Aber du hättest doch keinen Kuchen mitzubringen brauchen. Ich räume den Tisch ab, die Bücher aufs Fenstersims, den leeren Schuber daneben.
Wir trinken Kaffee und essen den Kuchen von Obermayr, und Helma erzählt. Später, als die Brille doch stört, setzt Helma sie ab und legt sie auf den Stapel Bücher. Dort liegt sie noch.
Ich könnte jetzt danach greifen.
Vielleicht stünde mir Helmas Brille? Aber was kann ich durch Fenstergläser schon sehen, mit meiner erbärmlichen Kurzsichtigkeit? Inklusive der nicht entspiegelten Gläser kostete die Brille über 800 DM. Natürlich würde die Kasse keinen Pfennig bezahlen, weil Kassen keine Brillen bezahlen, die aus Eitelkeit getragen werden oder aus modischen Gründen. Der Trend gehe hin zur Zweit- und Drittbrille (sagen die Optiker), auch bei Kontaktlinsenträgern und bei Nichtfehlsichtigen.
SO SEHEN AUCH SIE BESSER aus.

Bügel und Steg sind aus dünnstem Metall, was das Gestell so außerordentlich leicht mache. Am rechten Bügel fehlt ein Stück der Ziselierung. Dort ist das Signet der Firma angebracht. Es sieht wie ein arabisches Schriftzeichen aus.
Das Auslaufmodell von Dior war ihr zu protzig, (Helma, es hätte 400 DM weniger gekostet), aber damit laufe sie nicht herum. NA-ONT! Und ich dachte schließlich: Sie kennt sich bestimmt aus mit Krediten. Helma ist eine, die das Kleingedruckte liest. Da auf der AOK wird doch auch Amtsdeutsch gesprochen usf.

Helma, wen willst du imitieren? (ich, halbherzig)
Imitieren? SON QUATSCH!
Mit dieser Brille, das bist doch nicht du.
NA-ONT, GEFÄLLT MIR EBEN (guck dich doch mal selber an).

Auch das an jenem Nachmittag: UWE HAT WIEDER EINE NEUE. Zehn Jahre jünger als er. Geht noch zur Schule. Macht sich überall lächerlich damit. Auch vor den Kollegen in der Firma, ich hab welche getroffen. ES GEHT IHM ÜBERHAUPT NICHT GUT.
Helmas Trost: Es geht ihm überhaupt nicht gut (diesem Uwe mit seiner Softeis-Stimme).
Unterdrücken Sie Ihr Enttäuscht-Sein nicht. Diskutieren Sie Ihre Gefühle im Freundeskreis. Und: VERÄNDERN SIE IHREN TYP (weil Sie nach der Trennung ja auch nicht mehr dieselbe sind).
Neue Frisur?
Neue Brille?
Sie habe nun eine Dauerkarte fürs Fitness-Center. Da gehe ich immer gleich nach der Arbeit hin. Tolle Typen dort. Ihre Pin-up-boys. Bodybuilding, Sauna, Solarium, danach falle sie gerade so ins Bett.
Uwe war mir von jeher zu blöd. VON-NIX-NE-AHNUNG.
Nächsten Sommer will sie einen Französisch-Kurs belegen und Urlaub in der Bretagne machen. Öfter ins Theater ge-

hen. Natürlich nicht hier. In Frankfurt, natürlich. DER ist ja kein einziges Mal mit mir ins Theater gegangen.
UND DU (frage ich).
Außerdem: Hätte ich je geliebt, sage ich zu Helma, so wünschte ich eher, dass mich diese Liebe vernichte, als dass es ein Danach gäbe. Für mich, sage ich (wie ernst?), stünde am Schluss ein sanftes Sterben.
Helma lacht und kratzt Kuchenreste vom Papptablett aus Obermayrs Tortenboutique zusammen. Du (lacht sie) bist eben anders. Sterben, das täte ich dir glatt zutrauen. Vor lauter Angst kriegste nie `nen Mann.

Von Müdigkeit umhüllte Nervosität. An jenem Nachmittag habe ich mir selber versprochen, Helma nie mehr aushalten zu müssen. Sie wäre durch bloßes Nichtstun abzuweisen. Keinesfalls war sie je aufdringlich.
So tun, als habe es diese zwei, drei Mal bei Helma und Uwe nie gegeben.
Vor meinem Fenster fliegen Vögel auf, und ich wundere mich über das Ausbleiben des Motorengeräusches.
Warum läutet das Telefon nicht? Keine Post heute. Nichts hindert mich daran, Helmas Geschichte weiter zu erzählen.

Erste Besichtigung bei Helma und Uwe nach ihrem Hauskauf in Daxheim. Keine vernünftige Wohnung gefunden, gleich Nägel mit Köpfen gemacht. Ein Hauskauf mit nichts als Schulden. Irgendwo zwischen Wald und Ortsrand.
RENOVIEREN WERDEN WIR SELBER. Helma kann: Platten legen, isolieren, tapezieren, Heizkörper montieren (haben wir zu Hause auch alles gemacht). Es regnet durchs Dach. Dort soll ein Gästezimmer für Uwes Mami ausgebaut werden. Mäuse laufen in den Wänden. Mensch, was habt ihr euch da aufgeladen? Der Garten hinter der Scheune besteht aus meterhohem Gestrüpp.

Und zwei Jahre später dann (du lässt dich ja gar nicht mehr blicken), an einem Sommerabend: Zu dritt sitzen wir auf Boulevardmöbeln vor dem Gartenteich. Fontäne und Goldfische.
Im Haus drinnen: ALLES NEU. Die Türen mit Goldklinken, die Badarmaturen speiende Schwäne usf.
Zum Ausgehen bleibt ihnen kein Pfennig mehr. Er auf Arbeit bei der Computerfirma, sie auf Arbeit bei der AOK. Ansonsten gibt es nur noch DAS HAUS. Zu ihrer Unterhaltung: Helma strickend (komplizierte Muster) vor dem Video. Daneben Uwe in seinem Jogging und den Pantoffeln.
Mit einem Gehalt allein könnten sie es nicht schaffen, auf Jahre hin nicht. Uwe damals achtundzwanzig, es war sein Geburtstag. Helma, ein paar Lenze mehr. Die Frage nach Kindern erübrigt sich jetzt SOWIESO.
Weil ein Gewitter aufzog, grillten wir die Würstchen in der Scheune. Da stand ein Hasenstall schief und voller Spinnweben. Uwe will sich Hasen anschaffen. In Urlaub fahren wir nicht mehr. Was sollen wir denn im Urlaub? Helma strickt auch im Urlaub. So'n Urlaub ist was für Alte. Einmal waren sie an der Nordsee, daran denken sie bis heute. Sieh dich doch um! Wir haben URLAUB DAS GANZE JAHR.
Nach dem Essen (Helmas köstliche Salate) sahen wir *Love Story* und aßen feine Erdbeerrolle. Durch die geöffneten Fenster: Ein schöner, gerader Landregen. Es roch nach Sommer, wie sonst nur in der Vorstellung Sommer riecht. Von der Erdbeerrolle blieb kein Stück übrig. Helmas Back- und Kochbücher sind die einzigen Bücher im Haus.
Danach sahen wir noch AMADEUS (extra für dich aus der Videothek geholt). Als ich schließlich nach Hause fuhr, wurde es schon wieder hell.

Campari mit Orangensaft getrunken. Die wenigen Stunden Schlaf in den Sonntagnachmittag hinein waren eine Anstrengung, von der ich wie geschlagen aufwachte. Den gan-

zen Tag über: nichts geschrieben, nicht einmal am Abend dann. Zwei Tage lang deprimiert: ZU KEINEM VERNÜNFTIGEN SATZ FÄHIG.
Und mir selber geschworen: Ich werde Helma und Uwe nicht mehr aushalten. Vor deren altdeutscher Wohnwand werde ich nie wieder eine Nacht lang Filme sehend herumhocken. Sollen sie sich doch Freunde suchen, die zu ihnen passen. Ich kämpfte mit dem Überdruss wie mit einem Schatten.

Kurz vor Weihnachten traf ich Uwe zufällig in der Stadt. Da lebten sie schon getrennt. ER AUSGEZOGEN usf. Sie mit der Hälfte der Möbel noch im Haus, um Miete zu sparen, bis es verkauft ist.
UWES RECHTFERTIGUNGSREDE (vor dem Kaufhof, mitten in der Stadt): Bei einem Betriebsseminar in Bayern sei es ihm wie Schuppen von den Augen gefallen usf. Er sei nicht als derselbe zurückgekommen. Plötzlich habe er Helma in einem völlig anderen Licht gesehen.
ENDLICH HABE ICH WORTE FÜR MEINE GEFÜHLE!

Achten Sie auf das, was in Ihnen vorgeht.
Was denken Sie?
Was wünschen Sie?
Achten Sie auf Ihre Körpergefühle. Sie besitzen bereits sämtliche Fertigkeiten, die Sie brauchen, um den Schleier von Ihrem Inneren zu nehmen. Verwechseln Sie nicht, was Sie sehen, mit dem, was Sie denken!
usf.

Dieses Bild habe ihm Mut gemacht, als er von dem Betriebsseminar aus Bayern zurückkam: wie Helma vor dem Gartenteich saß, braungebrannt, neue rosa Strähnchen im Haar und STRICKEND.

Seiner Lebtag wolle er keine Frau mehr ertragen, die sich sonst aber für rein gar nicht interessiere. So könne er SEIN LEBEN nicht verbringen!
Stundenlang habe er mit ihr geredet: über Esoterik und Psychologie und das alles. Er brauche KULTUR! Ohne Kultur könne er nicht länger existieren. Er sei doch zu Veränderungen fähig. Kein alter Mann mit achtundzwanzig. Schon seit ein paar Jahren habe er sich wie ein alter Mann gefühlt. Nun endlich fühle er sich jung. So jung wie er sei. NUR KOCHBÜCHER IM HAUS! Keine zwei Mal im Theater gewesen.
Seine Unbildung.
Helmas Unbildung.
Schon vor der Heirat sei ihnen der Gesprächsstoff ausgegangen. Nicht einmal im Bett sei es besonders gewesen. Nicht einmal da. Zu dieser Ehe habe Helma ihn, den Jüngeren, regelrecht erpresst, weshalb sie nun nicht auf sein Mitleid hoffen könne. Erst seitdem er MONA kenne, wisse er überhaupt, WAS IN PUNKTO LIEBE möglich sei.
Rief ich ihm auf der Straße da vor dem Kaufhof (du elendes Schwein) nach? In dem Nieselwetter blickten die mit ihren Weihnachtseinkäufen beschäftigten Passanten nicht auf. Keiner hörte, wie ich herumschrie (du geiler Hurenbock, um nichts sonst geht es dir) usf.

Was du sagst (lasse ich Helma heute morgen rufen), ist klasse. Das will ich auch denken.
Sie allein in dem renovierten Geisterhaus. Uwe in allen Ecken. Das vor Monaten bestellte Dachfenster (für Mamis Gästezimmer) wird geliefert. Wegen Uwe hatten die Betten Überlänge, deshalb hat er das Schlafzimmer mit. Darin ÜBERNACHTET er jetzt mit seiner Studentin. In Eiche rustikal, die Schränke mit Eckelement.
Helma legt für sich eine Matratze auf den blauen Teppichboden. Ein Sonderangebot von Ikea. Die Küche soll vom Käufer übernommen werden. An den Wochenenden führt

eine Maklerin Kaufinteressierte durch das Anwesen. Vor Uwes Hasenstall bleiben sie stehen.
Zu teuer, zu abgelegen, unmöglich mit Kindern. Leider. Außerdem: Die Renovierung unfachmännisch. Der Teich voller Algen usf.
Keinesfalls werden sie so viel bekommen, wie sie ausgegeben haben. Von den Eigenleistungen abgesehen. Sie werden auf Schulden sitzen bleiben.
Ich sage, ich würde hier draußen allein sterben vor Angst.
ANGST? Wovor denn Angst?
Ich hätte Helma nicht erlösen können. In meinem Schreibleben ist kein Platz für solche Episoden. Was werde ich denn ganze Nächte lang mit jemandem zusammen fernsehend und strickend verbringen. Mehr als zu warnen sei mir unmöglich gewesen. Ich hatte es gewusst. Jetzt müssen sie selber sehen.
Später rief ich doch auf der AOK an. HELMA. Sie freute sich. Seinen Namen hatte sie nach der Scheidung behalten, weil er ihr besser gefalle. Wir trafen uns in einer Pizzeria. Helmas Haare am Hinterkopf zu einem steil aufragenden Schwanz gesteckt. Wie eine Indianerfeder. An den Spitzen noch die Reste der rosaroten Strähnchen.
AUF JEDEN FALL wolle sie wieder einen Mann. Aber keinen mehr, der Hasen züchtet, weil er sonst nix mit sich anzufangen weiß. Beim nächsten sei sie anspruchsvoller!
Ich lache und merke zu spät, dass sie das ernst meint: Vor allem sportlich, kultiviert und GUTVERDIENEND. Eventueller Kinderwunsch bei ihr nicht ausgeschlossen.
Ich ging mit ihr in die neue Wohnung. Zwei Zimmer-Maisonette mit kleinem Balkon, mitten in der Stadt. Einige Möbel und Topfpflanzen kannte ich noch von Daxheim her. Zwei der Boulevardstühle auf dem Balkon. Den Tisch hat Uwe bekommen. Manches schien neu gekauft. Und natürlich die treuen Freunde alle: Fernseher, Videoanlage, Stereoanlage usf. In meinem Kopf braute sich die Lästersprache von

Sonntagsfeuilletons zusammen. Zum Schlafzimmer und ins Bad führte eine Wendeltreppe. PIN-UP-BOYS ALLER RASSEN. Oben ihre Bodybuildinggeräte.
Probier mal! Du musst dich besser anstrengen, Mensch.
Älter? NA-ONT. Hier, so. SIEHSTE.
Ihre geformten Arme. Dabei war sie eigentlich nicht kräftiger als ich.

Wieviel verdient eine Angestellte bei der Ortskrankenkasse? Zum Leben brauche sie nicht viel. Der HAUPTBATZEN sei die Miete und die Schulden wegen dem Haus. Kein Auto. Keine Flugreisen. Darauf lege sie keinen Wert. Wichtig ist die Dauerkarte fürs Fitness-Center, da gehe sie immer gleich nach der Arbeit hin. Irgendwann Sprachferien in der Bretagne, vielleicht einmal mit dem Mann ihrer Träume.
(Das kann doch unmöglich deine Vorstellung sein, Helma.)
EBEN DOCH! Ich will mir eine Brille kaufen. Für besondere Gelegenheiten. Eine Brille wirkt immer seriös.

Buntgefiedert, schwarzgelackt. Ich fragte mich, wie sähe eine Nutte mit Brille aus, als wir den Kuchen von Obermayr aßen.
Sie habe die Schulden bereits alle abbezahlt. Du brauchst dir überhaupt keine Sorgen zu machen. Das Haus ist vergessen. Von Uwe hört sie, dass es ihm noch immer schlecht geht. Geschieht ihm gerade recht.
Auch ich nicke.
Später, als die Brille doch stört, nimmt Helma sie herunter und legt sie auf den Stapel Bücher (Mensch, da haste ja was vor), wo sie noch liegt, als würde sie darauf warten, abgeholt zu werden.
Helma rief nicht mehr an. Was sollte ich mir noch Sorgen machen! Ich hielt eisern, was ich mir selbst versprochen hatte. Alles andere wäre ja auch sinnlos gewesen. Ich wollte einfach NICHTS MEHR WISSEN.

Im November danach stand Helmas Todesanzeige in der Zeitung.
Plötzlich und unerwartet.
Im blühenden Alter von zweiunddreißig.
Die Kolleginnen und Kollegen bei der AOK werden sie vor allem wegen ihrer Fröhlichkeit vermissen.

In dem Moment (wo Sie hier anrufen), wird sie beerdigt. In Mayen, da kommt sie her, da wohnen ihre Eltern. Die Kollegen (alle außer mir) sind in der Frühe schon hingefahren. Eine so liebe Kollegin. War in den letzten Monaten schwer herzkrank, konnte nur noch halbtags arbeiten.
UND DAS GELD, will ich schreien, sie kann doch unmöglich zurecht gekommen sein!
Ja, die Trennung von diesem Mann. Sie hat das nie verwunden. Das ist es gewesen, was soll es denn sonst gewesen sein. Als sie am Montag gegen elf nicht hier war, sind wir hingegangen. Die Polizei hat dann die Wohnung aufgebrochen. Da lag sie schon seit Stunden tot. Sie hat auf ein Spenderherz gewartet.
WARTEN SIE, ich gebe Ihnen die Adresse, dann können Sie wenigstens an die Eltern eine Karte schicken.

ALLES HAT SEINEN PREIS

Die Geschichte, die ich Ihnen erzählen will, hat letztlich zur Trennung von Jasper und mir geführt. Bis heute, noch zwanzig Jahre später, schäme ich mich, weil ich damals geschwiegen habe. Inzwischen weiß ich, dass man in jeder Situation eine Wahl hat und dass es wirkliche Zwickmühlen nur auf dem Spielbrett gibt.

Über ein Austauschprogramm bekam ich nach Abschluss meines Studiums die Gelegenheit, an der von Jesuiten geführten Universität in Scranton zu unterrichten. Die Stadt Scranton liegt im Hinterland der amerikanischen Ostküste und war zur Zeit der boomenden Stahlindustrie ein bedeutender Eisenbahnknotenpunkt für Kohletransporte. Prächtige öffentliche Gebäude und Kirchen zeugen vom einstigen Glanz. Aber seit den 1930er Jahren hat sich die Bevölkerungszahl halbiert, die Arbeitslosigkeit ist hoch.

Als ich im Herbstsemester anfing, wohnte ich noch im Hotel. Vom Makler bekam ich Holzhäuser gezeigt, die einsam in den bewaldeten Bergen rings um die Stadt stehen. Auch nette kleine Schwarzbären wohnen dort, und die wenigen Bushaltestellen sind erst nach einem langen Fußmarsch zu erreichen. Notgedrungen zog ich in eine schlecht möblierte Wohnung, deren Vorteil in ihrer Lauflage zur Uni bestand.
Aber das Bad war verschimmelt, in der Küche lauerten Schaben, der Teppichboden roch eklig. Als Ende November der erste Frost kam, schaffte es die klapprige Klimaanlage nicht, die zwei Zimmer zu wärmen. Ich bekam eine Grippe. Frierend und elend in meinem Bett malte ich mir in allen Formen und Farben ein Wunder aus. In Amerika soll das helfen.

Übrigens hätte der Gegensatz zwischen meiner Wohnung und meinem Arbeitsplatz kaum größer sein können. Die Universität liegt nämlich wie eine blühende Oase mitten im welkenden Scranton. Jedes Gebäude ist auf dem neuesten Stand. Der Campus atmet Gediegenheit und Wohlstand. Hier studieren nur glückliche junge Menschen. Ein Mäzenatentum ermöglicht auch Kindern von armen Familien das Studium. Ich blieb fünf Jahre dort und liebte meine Arbeit.

Bei einer Benefiz-Veranstaltung der Historical Society wurden mir Margret und Lancelot Rochester vorgestellt. Margret mochte im Alter meiner Mutter sein, aber sie ging schon mit einer Krücke und litt sichtlich unter Schmerzen. Lancelot können Sie sich gut als siebzigjährigen Don-Giovanni-Typ denken. Mein erster Eindruck war, dass nichts an dem Menschen echt ist. Mich nervte die kindische Prahlerei über sein Geschichtswissen, das besonders die Nazizeit betreffend merkwürdige Details aufwies. Beim Dinner erfuhr ich, dass die Tochter der Lancelots bei einem Autounfall ums Leben gekommen war. Natürlich, sie sind in tiefer Trauer gefangen. Den Tod ihrer Tochter haben sie nie verwunden. Ich schmolz vor Mitleid.
Margret erzählte mir von ihren deutschen Großeltern, die als Geschäftsleute in Scranton reich geworden waren. Nicht alles blieb nach dem Niedergang 1930 erhalten. Aber doch genug. Nur nebenbei kamen wir auf meine Wohnsituation zu sprechen.

Tatsächlich wohnte ich ja nur während der Arbeitswoche in der schäbigen Wohnung. Mein Jammern wird Ihnen gleich übertrieben erscheinen. In der Regel nahm ich nämlich schon freitags den letzten Bus nach Manhatten, wo Jasper am Central Terminal auf mich wartete. Er arbeitete als Redakteur bei einem Wissenschaftsmagazin, sah gut aus und war sehr klug. Bis heute denke ich an unsere großartige Zeit miteinander. Wenn Sie in Manhatten waren, wissen Sie, dass man dort nur einen Atemzug braucht, um jeden anderen Ort zu vergessen. Gleichwohl fuhr ich jeden Sonntagabend nach Scranton zurück.

Kurz nach unserem Kennenlernen lud mich Margret ein. Mir wurde feierlich zumute, als ich durch den Park auf ihre malerische Jugendstilvilla zuging. So sah also das Erbe der deutschstämmigen Familie aus. Möbel, Teppiche, Bilder, alles passte zusammen. In der Eingangshalle fiel mir ein goldgerahmtes Portraitfoto auf, das ein Mädchen zeigte. Ich fühlte mich berührt. Unmöglich, dem eindringlichen Blick zu entkommen. Ich ahnte, dass das ein Bild der verstorbenen Tochter war. Aber ich fragte nicht.

Beim Tee im Kaminzimmer sagte Margret, Lancelot sei mit seinen Freunden in den Bergen unterwegs. „Sie jagen mit der Armbrust Hirsche.“ Ob ich ihr ein bisschen Deutsch beibringe? Ob ich drüben in das gerade frei gewordene Hausmeisterhaus ziehen wolle?

Das Wunder, es funktionierte! In Amerika trifft ein, was man sich dringend vorstellt: Zwei helle, warme Zimmer und eine blitzblanke Küche mit einer Veranda davor.

Als sich Lancelot rührend darüber freute, dass Margret durch mich etwas Gesellschaft bekam, wischte ich meinen ersten Eindruck beiseite. Mir gegenüber zeigte der Mann reine Verlässlichkeit und Hilfsbereitschaft. Er schaffte mit seinem Pick-up meine Koffer herbei und half mir beim Kauf eines Schreibtisches. Da ich von der Uni inzwischen einen festen Vertrag bekommen hatte, sparte ich nicht.

Ich bestand darauf, die volle Miete zu bezahlen.

Jeden Mittwochabend luden die Rochesters zum Cocktail ein. Es kam ein stabiler Kern von etwa dreißig Leuten. Margret war eine vorzügliche Gastgeberin, und Lancelot genoss die Bühne, die sie ihm bot. Als Jasper kam, sagte er trocken: „Mit denen stimmt was nicht.“ Ich antwortete: „*Don't drive me nuts*!“

Im Sommer stellte ich Jasper meinen Eltern in Heidelberg vor. Als ich zu Beginn des Semesters zurückkam, wohnte eine peruanische Stipendiatin bei den Rochesters in der Villa. Margrets Kirchengemeinde hatte das vermittelt. Lourdes war eine pummelige Hochlandindianerin mit einem breiten Zopf, durch den sie bunte Bänder flocht. Sie war mir gleich sympathisch.

Da ich viel vorzubereiten hatte, ging ich während der nächsten Wochen kaum in die Villa hinüber. Erst bei meinem Vortrag im Saal der Historical Society sah ich sie alle drei zusammen. Lourdes, mit ihren bunten Bändern im Haar, saß zwischen Margret und Lancelot in der ersten Reihe. Während ich vortrug, traute ich meinen Augen kaum: Lancelot hielt auf seinem Schoß die kleine Hand von Lourdes. Seine fleischige, behaarte Pranke streichelte und hakelte herum, dass mir ganz übel wurde. Beim anschließenden Empfang stolzierte er auf mich zu. Mit großartiger Geste, seinen Arm um Lourdes gelegt, verkündete Lancelot Rochester:
„Dies ist das Kind.“
Folgsam schaute Lourdes zu ihm auf.

Nach diesem Auftritt mied ich die Villa. Margret kam gelegentlich für ihren Deutschunterricht zu mir. Wie schon oft zuvor rückte sie mit der Geschwindigkeit einer Hütchenspielerin Dinge auf dem Tisch hin und her: Das Buch, den Stift, die Vase, den Teller, das Glas. Dabei erzählte sie, dass Lourdes im Zimmer ihrer verstorbenen Tochter wohne und dass sie alle drei sehr glücklich seien.
Als ich Lourdes zufällig in der Bibliothek traf, befragte ich sie ohne Umschweife über ihr Verhältnis zu den Rochesters.

Sie sagte: „Ich bin dankbar, eine so liebe Familie gefunden zu haben. Sie unterstützen mich in allem."
Zögerlich fügte sie hinzu: „Alles hat seinen Preis."
Was hätte ich tun sollen? Lourdes war volljährig und entwickelte sich zur besten Studentin ihres Semesters.

An seinem Geburtstag Ende August gab Lancelot eine große Gartenparty. Als er schon ziemlich betrunken war, erklärte er dem staunenden Jasper anhand von Zahlenspielen mit Zeugungsdaten, Geburtsdaten und Sterbedaten, die tote Tochter sei in Gestalt von Lourdes aus den Anden zu ihnen zurück gekommen. Er kicherte närrisch. Tatsächlich war es so, als habe Lourdes Fäden, an denen Lancelot sie nach Belieben an seinen Körper ziehen konnte. Die Alarmglocken des Redakteurs schrillten.
Jaspers Recherche ergab, dass sich Taryn Rochester im Drogenwahn von einem New Yorker Hochhaus gestürzt hatte. Nichts von einem Autounfall. Jasper rief mich an und sagte empört: „Du ziehst sofort von denen weg."

Das fröhliche Tuten alter Lokomotiven ist Scrantons Musik. Von meiner Veranda aus konnte ich die Rauchschwaden beobachten, die morgens schon über der Stadt lagen, wenn die Veteranen im Eisenbahnmuseum die Maschinen anheizten und Schulklassen spazierenfuhren. Nach dem Frühstück saß ich oft noch draußen, um mich auf meinen Unterricht vorzubereiten. Etwas Schöneres als in dem Park der Rochesters zu wohnen, konnte ich mir nicht vorstellen. Mit Grauen dachte ich an meine vorherige Behausung zurück.

Damals war ich zwanzig Jahre jünger. Mir fehlte die Courage für einen Aufschrei. Oder war ich nur bequem? Oft genug saß ich dabei, wenn Lancelot über seine Cocktailgäste triumphierte. Wie er „das Kind" mechanisch zu sich herzog und vor aller Augen drückte und rieb! Offenbar

begehrte er einen Eklat. Aber niemand tat Lancelot Rochester den Gefallen, endlich das Wort zu erheben. Alle sahen zu und schwiegen wie selbstverständlich, auch untereinander.
Zwischen Jasper und mir gab es Diskussionen. Angewidert sagte er eines Abends am Telefon:
„Jeder Selbstmord ist auch ein Mordversuch."

Danach fuhr er nie wieder zu mir nach Scranton, und er wartete auch nicht mehr am Central Terminal auf mich, wenn ich mit dem Bus in Manhatten ankam.

DÖRFER

ROSA

Es ist ein heißer Junitag.
Belle hockt auf dem Fuhrwerk, die Ellenbogen auf die Knie gestützt. Zügel und Peitsche hängen schlaff über dem schweißnassen Rücken des Braunen, den es zum Stall treibt. Der aufgeladene Pflug scheppert im Takt, den die eisenbeschlagenen Wagenräder und der Feldweg ihm vorgeben.
Belle schiebt die Kappe aus der Stirn und blickt zum Dorf hin.
Wegen der Entfernung kann er die Zeit auf dem Kirchturm nicht ausmachen, aber die Sonne steht hoch, und das Elfeläuten schwingt zu ihm hinaus.
Belle strafft die Zügel.
In diesem Jahr hat sich die Spargelzeit gelohnt.
Nun sind die Deiche herumgemacht.
Belle ist über die Schollen gegangen und hat die Spargelköpfchen eingesammelt.
Ein prima Essen. Dazu wird Rosa Pfannkuchen backen.

Morgens früh und abends spät ist sie mit dem Rad auf den Acker hinausgefahren, hat die Spargel gestochen, daheim gewaschen und sortiert. Nach dem Mittagessen hat sie sie zur Annahme bei der Genossenschaft gebracht. Wochenlang gegen gutes Geld. Weiß und gerade gewachsen – zweiter Klasse, dritter Klasse, vierter Klasse – Abfall. Der Kontrolleur ist unbeliebt. An Auszahlungstagen hat Rosa in einer Schüssel vom Bäcker Eis geholt. Für Belle drei Kugeln, für sich zwei Kugeln und für die Kinder je eine. Vielleicht würde es zusammen mit dem Kartoffelgeld zu einem Bulldog reichen.

Durch die Straßen laufen Kinder. Frauen stemmen ihre Füße in die Pedale der auf Sattel und Lenkstange beladenen Räder. Ein Kind, den Ranzen auf dem Rücken, fährt stehend auf einem schwarzen Rad an dem Fuhrwerk vorbei. An der Ecke fällt es in die Brühe des Rinnsteins. Das Wechselhüpfen endet in bloßem Jammer.

Belle zieht die Kappe tiefer und grüßt nach allen Seiten. Über die Hauptstraße dröhnt eine Militärkolonne. Kinder rufen „Ami, Kaugummi!" und strecken die Hände aus. Ein schwarzer Soldat, den man im Dunkel des Verdeckes kaum sieht, wirft etwas heraus.

Von dem Lärm verstört überquert der Braune die Straße fast springend, biegt in den Hof ein und bleibt mit einem Ruck stehen.

Belle steigt ab und versorgt das Tier, dem er in unbestimmter Weise gleicht.

Dann lädt er den Pflug ab. Das Wasser für den Stall bezieht er aus dem Brunnen im Hof. Er schwenkt den Schlegel und nach einem hohlen Rülpsen füllt sich das Rohr. Unter dem Strahl nimmt er die Kappe ab und wäscht sich Gesicht und Hände. Wie ein paar Hühner herflattern, fällt ihm das Loch im Zaun ein.

Er macht das Hoftor zu.

Ein jammerndes Kind kommt die Straße herauf. Von sich gestreckt an einem Zipfel hält es seine nasse Unterhose. Vor dem Tor bleibt es stehen, weil es die Klinke nicht erreichen kann. Belle, der sich bereits dem Haus zugewandt hat, öffnet. Sofort überblickt er die Lage. Der Geruch zwischen den Knien der Diakonisse – ei, schäme dich – das Kratzen der papierenen Schleife unter ihrem Kinn. Die Gestalt, doch nicht den Sinn vom Alter gebeugt, sitzt sie sonntags in der Reihe vor der Kanzel.

Das Kind folgt dem Vater in die Küche.

Die dunkle Schwüle tröstet, und es schiebt den nassen Lappen unter das Kanapee.

Schmeißfliegen hocken im Marmeladetopf, eine zappelt im Rest einer Kaffeeschüssel. Aus der Kanne, in der Rosa morgens und abends die Milch abliefert, riecht es sauer.
Der Herd ist kalt.
Belle schneidet vom Brotleib einen Kanten ab und gibt dem Kind davon.
Ein Huhn stolziert herein und pickt die Krümel unter dem Tisch auf. Als es auf die Eckbank flattert und seine Spuren hinterlässt, verscheucht es Belle mit einer Handbewegung. Das Kind streckt die Hände nach einem Flaum aus.
„Und die Mutter?"
Belle hebt die Schultern.
Die drei Älteren lärmen herein. Die Buben reißen sich gegenseitig an den Ranzen. Der eine stößt gegen die Milchkanne, die laut aufklappert. Belle verpasst den zweien jedem eine Maulschelle, und sie verziehen sich.
Das Mädchen schiebt die Ranzen unter das Kanapee. Es stellt die Kanne auf den Wasserstein und spült sie aus. Das Wasserschiff ist leer. Es kratzt im Äscher und macht frisches Feuer.
Das Jüngste, weil es auf dem Kanapee eingeschlafen ist, merkt die Mücken nicht.
„Und die Mutter?" fragt das Mädchen.
Belle hebt die Schultern und geht hinaus. Er schiebt den Wagen in die Scheuer. Dort sieht er das Stück Draht liegen, und er macht sich daran, den Zaun zu flicken. Das Tor zum Garten steht offen, und ein Huhn scharrt in den Setzlingen. Belle wirft einen Erdklumpen. Schimpfend flieht es in die Himbeeren.
Belle lässt ab, weil er ein Fremder in dem Garten ist.
Er stolpert über die Stecken und Schnüre, die zum Anbinden der Tomatenstöcke gerichtet über dem Weg liegen.
Mit dem Gesicht nach unten liegt die Frau im Himmelblau des vollerblühten Beetes.
Er dreht sie um.

Wie er sie hochhebt, wiegt sie schwer in seinen Armen, und er denkt, dass sie schwanger sei.
Er trägt sie durch die Küche, seitwärts gebückt die Stiege hoch. Das Mädchen lässt seine Arbeit und rennt schreiend den Hof hinaus.
In der Kammer ist das Fenster hochgestellt. Trotzdem ist die Luft stickig. Die Federbetten liegen über dem Stuhl. Belle guckt auf die fleckigen, glattgezogenen Bettücher – eine ganze Weile – bis er die Frau darauf ablegt und ihren Rücken mit einem der Paradekissen unterstützt. Dann streicht er die Haare aus ihrem Gesicht, hinter die Ohren schiebt er sie, unter den Hinterkopf zu einem glatten Mittelscheitel.
Der offenen Kastentür versetzt er einen Tritt, aber sofort quietscht sie zurück.
Er zieht der Frau die Schuhe aus und die Schürze, und weil sie noch immer so fremd daliegt, deckt er sie mit dem Federbett zu.
Ihre Mutter poltert die Stiege hoch.
„Ach, Gott! Ach, Gott!“
Dann kommen die Nachbarinnen und ihre Schwester.
Den Buben läuft es grün über die Nasenrinne in den Mund. Jemand schickt sie fort.
Der Doktor zieht das Federbett weg, alle gehen hinunter. Schließlich kann er auch nichts dazu sagen.
Das Jüngste wacht auf, und als es die Leute alle um sich sieht, so dass es nicht vom Kanapee steigen kann, schreit es nach seiner Unterhose.
Eine Tante führt es fort.

Bis zum Abend ist die Stube ausgeräumt und Rosa darin aufgebahrt. Bald muss man an der Tür stehen bleiben, denn drinnen ist es voll vom Sarg und den Blumen.
Im Stall brüllen die Kühe.
Belle mistet, melkt und füttert. Dem Braunen gibt er Hafer. Er duldet niemanden.

Im Hof singt der Kirchenchor, dem Rosa angehört hat, *Jesu geh voran* und die Ortsrufanlage spielt *So nimm denn meine Hände*.
Belle nimmt den Korb mit den Spargelköpfen und leert ihn in den Sautrog.
Das Mädchen will helfen, aber Belle heißt sie fortgehen.
Später kommen der Bürgermeister und der Pfarrer.

Alleingelassen in der taghellen Nacht, schließt Belle das Hoftor ab, nimmt Spaten und Hacke und geht in Rosas Garten.
Er bindet die Tomaten an.
Das Huhn, in seiner Not zutraulicher geworden, lässt sich einfangen und in den Stall tragen.
Belle holt drei Eier aus dem Nest, stößt zwei kleine Löcher in jedes und supft sie aus.
Dann gräbt er ein brachliegendes Beet um und recht es sorgfältig. In der Scheune findet er im Sämereienkorb Bohnen. Die steckt er und bohrt gleich neben jede eine Stange.
In eine Ecke sät er Astern.
Die Nacht hat kaum abgekühlt. Er schließt den Schlauch an und spritzt, dass es dampft. Dann wechselt er an dem rinnenden Hahn die Dichtung und räumt auf.
Als es tagt, schläft er neben den Blumenrabatten ein.

Mittlerweile brennt die Sonne, und in der Stube riecht es süß nach Blüten und Fäule.
Ihre Schwester überklettert das Hoftor, schließt die Fensterläden und schafft Ordnung, während das Vieh tobt.
Schließlich findet sie Belle. Wachgerüttelt steht er auf und geht in den Stall.
Sie richtet ihm ein Vesper.
Dichtgedrängt versammeln sich die Schwarzgekleideten im Hof. Sie sagt, dass er sich richten soll, und er nimmt aus dem offenstehenden Kasten den Anzug.

Es läutet.
Der Totengräber rattert den Karren dem Haus zu, wo er beladen wird mit dem eben zugenagelten Sarg und den Blumen und Kränzen, die an das Gestänge gehängt werden.
Der Zug geht los und biegt auf die Hauptstraße ein. Belle, den Hut tief im Gesicht, ist nah beim schiebenden Totengräber.
Aus dem Augenwinkel sieht er sich plötzlich neben dem haltenden Postbus. Er streift mit der Rechten an der grellgelben Fläche entlang bis sie, wo der Hänger angekuppelt ist, unterbrochen wird.
In diesen Spalt tritt Belle und bleibt dann einfach stehen, bis er die Kinderschulschwester, die mit Pellerine und Haube den Schlusspunkt hinter die Trauergemeinde setzt, von hinten sieht.
Belle steigt ein. Bevor er sich setzt, greift er in die Tasche des Anzugs und findet die Münzen für den Klingelbeutel und den Schoppen danach, die Rosa dort immer hineinsteckt.
Er setzt sich, und als der Bus angelassen wird, schüttelt er sich wie vor Lachen, und wie er den Trauerzug überholt, wundert sich Belle über den Haufen Leute und die Blumen und Kränze, und es überkommt ihn ein freundlicher Wahn.

HORST

Als der Blinde am Morgen aus einem dumpfen Schlaf erwachte, erinnerte er sich sogleich, dass an diesem Tag etwas Unabänderliches bevorstand.
Das vorhanglose Zimmer, wo wie zufällig ein Bett stand, wurde vom Lärm des Geschäftsverkehrs erschüttert. Ein Laster, vom Kieswerk heraufkommend, zog unter schwerem, furchtbaren Heulen an und bog ab in Richtung Stadt.
Der Blinde öffnete die Augen und sah, dass es hell war. Sein Körper lag bewegungslos auf dem Rücken und hob die Zudecke kaum ab. Er hatte die Hände unter den Achseln eingerollt, als wollte er sie dort wärmen.

Den Garten hinten und die Hühner wollten sie behalten. Die paar Hasen und die Sau waren abgeschafft. Nur die Katze sollte mitgenommen werden. Heute waren die Betten dran und die Küche, danach konnten die, die den Laden gepachtet hatten, einziehen. Sie sprachen fremd und hatten keine Kinder, und die Kundschaft sei ziemlich zurückgegangen seitdem.
Zuerst war immer nur vom Platz draußen die Rede gewesen, nach dem Tod vom Großvater hieß es unser Bauplatz. Der Vater arbeitete jetzt im Atommeiler, wo er es leichter hatte. Ihm hatte das unregelmäßige Leben mit dem Aufstehen kurz nach Mitternacht zugesetzt. Jetzt brauchten sie nicht mehr in der Hauptstraße zu bleiben.

Die Tür schnappte auf, und die Falle schlug gegen die Wand. Die kleine Schwester trappelte um das Bett und blies dazu in eine Tröte. Aus der Backstube unten roch es nach Brot.
Der Blinde tastete nach dem Stuhl, auf dem sonst seine Kleider lagen. Er schien schon fortgeräumt.

Die kleine Schwester erzählte, der Onkel mit dem Anhänger sei wieder da und habe schon ganz viel aufgeladen. Es fehle nur noch das Bett hier.
Vorsichtig zwar, aber nicht unsicher, ging der Blinde in die Küche, wo die Mutter hantierte. Sie zurrte ihm den Reißverschluss des Trainingsanzugs zu und strich ihm fest durchs Haar. Sie brockte Brot in seine Milch und streute Zucker darüber.
Er kaute mit weit geöffnetem Mund.
„Wie?“ sagte der Onkel. „Mensch, du musst dich ja schon bald rasieren, Kerl!“ Gleich wollte er zusammen mit dem Vater das Küchenbuffet hinuntertragen. Es war noch das von der Großmutter, und sie bangte darum, wegen dem steilen Treppenhaus. Beim Räumen und Packen, sagte der Vater, hinderten sie nur.

Über dem Hof in der Waschküche knotete sich die Großmutter ihr Kopftuch strammer ins Genick und nahm den Heißwasserkessel von der Platte. Der Blinde folgte ihr mit vorgerecktem Kopf und suchenden Händen. Über den Absatz am Scheunentor machte er einen viel zu großen Schritt, aber er konnte hier alle Wege allein gehen, ohne Stolpern auch durch den Garten. Es roch nach Stroh und Katzen. Eine, die sich das Bein verrenkt hatte, miaute vom Fuhrwerk, das da stand. Im Spätjahr zum Rübenholen hatte sich der Vater die Kühe vom Nachbarn dazugeliehen.
Unter dem Schopf, der auch einen Teil des Hühnerhofs überdachte, nahm die Großmutter den Sack vom Haken. Darin baumelte ein brütiges Huhn und gluckste noch immer. Der Blinde hockte sich dicht neben den Hackklotz und hörte den jähen Hieb und das Aufflattern. Die Großmutter brühte es und der Geruch nach Federn breitete sich aus. Beim Rupfen seufzte sie schwer. Dann hängte sie es zum Ausbluten wieder an den Haken.

Der Blinde zog sich ein Stück faserige Schnur zwischen den Fingern durch. Im Garten fand die Großmutter eine reife Birne, die sie an ihrer Schürze abrieb und ihm gab. Die Tropfen sickerten durch den Stoff und machten klebrige Flecken. Den Blinden fror. Die Großmutter zündete ein Feuer an und schwenkte das Huhn darüber, um den Flaum abzusengen.

Bis sie in den Hof zurückkamen, war das Buffet aufgeladen. Eilfertig setzte der Pächter seinen hohen, weißen Hut wieder auf und ging in die Backstube zurück. Kinder kamen hintereinander anmarschiert. Sie balancierten eckige Bleche mit Zwetschgenkuchen auf ihren Köpfen.

Es war ein Samstagmorgen. Die Brüder hatten noch Schule. Der Blinde setzte sich auf seinen Hocker neben der Mehltruhe. Den hatte der Großvater noch für ihn machen lassen. Bei der Mehltruhe war er gut aufgehoben. Die neue Chefin wollte Hefezöpfe für den Laden holen. Als sie den Blinden sitzen sah, schenkte sie ihm ihr Amulett vom Heiligen Christopherus, sie waren nämlich katholisch. Er freute sich und konnte erkennen, dass sie etwas Rotes trug. Sie gab ihm auch noch eine Schneckennudel, aber weil er nicht hungrig war, klaubte er nur die Rosinen heraus.

Der Geselle sagte: „Katzen sind ans Haus gebunden, die kommen immer wieder zurück.“ Es war derselbe, der letztes Jahr zum ersten Mai sein Fahrrad oben an den Wetterhahn gehängt hatte, als das Gerüst zum Renovieren des Kirchturms dort stand.

Sein Bett wollten sie nicht mitnehmen, hatten sie dem Blinden gesagt. Er solle zur Großmutter nach hinten, die sich nicht von ihrem Schlafzimmer trennt, obwohl das eine Bett schon so lange leer ist.

Als die Backstube ausgefegt wurde, holten sie ihn ab. Der Onkel machte die letzte Fuhre mit seinem Traktor. Es nieselte. Eingeklemmt saß der Blinde auf dem beladenen Anhänger.

Nachdem abgeladen war, führte ihn die Mutter über einen schmalen, federnden Dielen in das Haus, das fremd roch. Sie sagte: „Das ist der feuchte Beton. Und pass auf, dass du nicht drankommst, die Haustür ist frisch lackiert." Mit einem Schuh stieß er ans Treppengeländer, das klang. Die Küche sei zu klein ausgefallen. Wie er sich setzen wollte, merkte er zu spät, dass der Stuhl fehlte. Er rutschte dann auf der Bank weiter, bis er an der Ecke den Tischfuß zwischen den Beinen hatte. Weil es nichts anderes zu tun gab, wetzte er seine Zeigefinger auf der Tischkante hin und her. Auf der Straße lärmten die Brüder mit dem Ball. Die Tante brachte Kuchen und sagte: „Wirklich schön habt ihr's hier." Sie häufte Sahne auf die Teller. „Ja, schön." antwortete der Blinde.
Nachdem die Geschwister schliefen, war es still im Haus. Auch von der Straße kam kein Geräusch, nicht einmal ein Hund bellte. Nur der Vater hämmerte ein paar Mal noch herum. Als er das Hirtenbild über ihre Betten nagelte, lachte die Großmutter herzig und rief: „Ach, du gütige Zeit!"
Im Bad war eine Dusche, wo der Blinde stehend gebraust wurde. Die Mutter sagte immer wieder: „Halt dich doch gerade!" Der Vorhang klebte an seiner Haut.
Danach wartete er auf der Eckbank, bis die Betten bezogen waren. Die Laken waren glatt und kalt. Im Finstern stand die Großmutter noch einmal auf, um das Wasserglas für ihr Gebiss zu holen. Beim Beten sprach sie mit weichen Backen.
Lange konnten sie keine Ruhe finden. Später rückten der Blinde und die Großmutter ein Stück zusammen.

BALTIC

Zeitig ist Ostern gewesen, und das Jahr hängt mürrisch in den Bäumen. Es ist, als winde sich die Erde unter dem Wechsellicht. An den Forsythien bleiben jähe Flocken kleben, während sie auf dem Asphalt sofort vergehen.
Die Blicke der Kinder sind auf ihre Tafeln gerichtet. Zwei Reihen geschorener Bubenköpfe – zwei Reihen mit Zöpfen und Propellern.
Alle Bänke sind besetzt.
Vorne malt Willet Einsen auf die Hilfslinien, wie sie auch auf den Schiefertafeln der Schüler eingraviert sind: schmaler Abstand – breiter Abstand – schmaler Abstand, neue Reihe.
Manchmal kreischt ein Griffel hart auf.
Regen rieselt gegen die Scheiben.
Willet schaltet das Licht an und kippt Koks in den Eisenofen. Aus dem Spänekorb nimmt er Papierfetzen und brennt sie einzeln an, bis er sie nicht mehr halten kann.
Die rechten Backen der Buben glühen.
Einen, der tuschelt, zieht Willet am Ohr zu sich hoch.

Gestern waren sie von ihren Müttern gebracht worden. Sie kamen in frischen Kleidern, und aus den gewichsten Ranzen baumelten die Tafelschwämme.
Willet ließ sie dem Alphabet nach antreten. Die Mütter mit den randvollen Gutslesgucken schickte er nach Hause. Sie sahen sich alle ähnlich. Als ein paar zu schwätzen anfingen, zeigte er ihnen die Stöcke: einen biegsamen für die leichteren Fälle und die Tatzen, den anderen für's Übliche.
Jeden Einzelnen hieß er aufstehen und Namen und Geburtstag sagen. Schon aus den Gesichtern wusste er vorher, wer es konnte und wer nicht.
Dann sangen alle *Großer Gott, wir loben dich*.
Beim Bimmeln ließ er sie antreten und in den Hof marschieren. Eine Reihe Mädchen für den Innenkreis – die Buben

hatten außen und entgegengesetzt zu laufen. Willet daneben biss in sein Leberwurstbrot und knüllte tief in seiner Hosentasche das Pergamentpapier.
Der Föhn blies Mischlachgestank von den Äckern her. Es sah nach Schlechtwetter aus.
Ihre Blicke begegneten sich, wie die Kollegin eine Klasse ins Schulhaus zurückführte. Der Hinterste lüpfte einem Mädchen den Rock, das sofort scheltend um sich schlug.
Wieder im Klassenzimmer ließ er die Tafeln auslöschen und zwei Lieder singen. Schließlich sagte er, als Hausaufgabe sollten sie sauber eine Reihe Striche und eine Reihe Kringel malen. Nachdem sie gebetet und „Auf Wiedersehen, Herr Lehrer Willet!“ gesagt hatten, drängelten sie lärmend hinaus.
Er brüllte sie zurück.
Einem Mädchen, das eben noch seinen Ranzen einpacken wollte, fiel die Tafel hinunter. Bloß der Rahmen blieb ganz. Es heulte los und schluchzte in den Arm, während er alle fünf Minuten still sitzen ließ.
Geduckt schlichen sie aus dem ersten Schultag.
Willet schloss sorgfältig die Stöcke in den Schrank und sein Schreibzeug und das Klassenbuch in die Pultschublade.
Gegenüber in dem schmalen Raum, wo die Bibliothek des Ortes untergebracht war, sortierte er ein paar Bände ins Regal. Zwei Mädchen aus der Siebten brachten Bücher zurück.
Er schloss vor der Zeit und stieg vorsichtig zur Dachwohnung hoch. Durch das Treppenhaus hallte es, weil die Putzfrau mit dem Schrubber gegen eine Tür stieß.
Es roch nach Bratkartoffeln, und auch die Eier waren saftig in Schmalz gebacken. Während er tüchtig zulangte, schob sie den Teller bald weg. Von dem Wetter habe sie Kopfweh. Sie spülte ab, und der Korbsessel knisterte noch lange, nachdem Willet, in der Zeitung blätternd, schon auf dem Bettrand saß. Für einen Kaffee setzte sie Wasser auf. Dann cremte sie sich die Hände ein.

Er nahm sie zu sich her.
Als der Kessel pfiff, strich sie den Rock hinunter.
Sie öffnete das Fenster, und von der Mittagssonne geblendet, sah sie Willet als schwarzen Schatten über den Schulhof radeln.
Kaum jemand war unterwegs.
Ein Fuhrwerk kam ihm entgegen. Der Bauer tippte grüßend an seine Kappe und ließ die Zügel auf den Rücken des Pferdes klatschen. Auf dem Kirchweg überholte er eine alte, gebeugte Diakonisse, die ihren Neffen, einen Blinden, ausführte.
Daheim stellte er das Rad in den Schuppen.
Das Jüngste spielte auf dem Sandhaufen.
Sie, ihre Halbschürze vorgebunden, schlug in der Küche Sahne, dabei klang der Schneebesen hell gegen die Schüssel. Um den gedeckten Couchtisch saßen Frauen und strickten – die vom Pfarrer las vor.
Willet klaubte einen toten Fisch aus dem Aquarium.
Dann ging er in den Keller und bastelte an der Baltic weiter. Neben dem Kleber im Regal stand ein Apothekenfläschchen mit einer Flüssigkeit, in der so etwas wie ein Stück Fleisch schwamm.
Später tönte das Schwatzen der Frauen durch den Hausgang zu ihm herunter, und er sah ihre Beine vorbeigehen. Wasser plätscherte durch die Rohre, und danach spielte sie Harmonium.
Dem Kind – des Spielens im Sandkasten längst überdrüssig – glitt der Ball aus den Händen und rollte gegen das Kellerfenster. Willet strich die Segel glatt. Meisterlich reihte er die Kanonen aneinander.
Einen, der tuschelt, zieht er am Ohr zu sich hoch. Er stößt ihn in die Bank zurück. Der Ofen bullert. Ein Mädchen, das schon lesen kann, darf aus der Fibel einen Spruch vorlesen. Als es klopft, geht er zur Tür und streckt den Kopf hinaus. Er lässt sie angelehnt, während er an die Tafel zurückgeht und

eine fortlaufende Kette „l“ malt. Er sagt, sie sollen nun schweigend, ohne Mucks, eben eine solche Reihe „l“ wie gestochen scharf auf ihre Tafeln kratzen, bis er zurück sei. „Gestochen scharf und ohne ein Mucks!“ wiederholt er beim Hinausgehen.
Bald herrscht eitel Leben unter den Kindern.
Wie er zurückkommt, lässt er einen Schrei. Einen, der gerade vom Pult springen will, packt Willet am Kragen. In der plötzlichen Totenstille legt er ihn über die vorderste Bank. Langsam schließt er den Schrank auf. Nach einigem Überlegen wählt er den Dicken. Die Blicke folgen der daumenlosen Hand, die den Stock fest zwischen Zeigefinger und Mittelfinger geklemmt hat. Seine zerfetzten Stumpffinger der linken Hand drücken ins Kindergenick. Erst als das Schreien aufgehört hat, lässt Willet ab und schickt alle hinaus.

Dem Feind damals hat der Bub ungläubig ins Auge geblickt, bis zum Schlag.

SCHLÜSSE

Wo die Verkleidung Löcher hat

iw

Sie sind in einem nordbadischen Dorf aufgewachsen und in derselben Kirche getauft, konfirmiert und verheiratet worden wie schon Ihre Eltern und Großeltern. Ist ein solch beständiges Milieu eine günstige Voraussetzung für ein Schreibleben, wie Sie es führen?

IW

Tatsächlich war ich ein eingewecktes Einzelkind wenige Jahre nach dem Krieg. Bis sie mich endlich zur Schule lassen mussten, hielten mich meine Mutter und meine Großmutter in einem Einmachglas. Das stand im Präparateraum direkt neben den Gläsern mit graugewordenen Birnenschnitzen, Pfirsichhälften und verblichenen Erdbeeren. Vorratshaltung.

iw

So dämmerten Sie vor sich hin? Ich sehe Sie hier als rüstige Person, die dasteht, ohne sich anlehnen zu müssen. Das können heutzutage nicht viele Leute von sich sagen. Meistens wird herumgelungert und nach Halt gegriffen.

IW

Ja, dafür bin ich meinen Eltern dankbar. Sie haben mich nicht zerstört. Probleme gab es jedoch, weil ich bei allem, was ich tue, das ist bis heute so, von unglaublicher Langsamkeit bestimmt bin. Leider merke ich das selbst. Meine Mutter, ich höre noch ihre Stimme, sagte oft, du bist bereits als alte Frau auf die Welt gekommen. Vielleicht war das förderlich.

iw

Und wie lange, wenn ich das fragen darf, dauert Ihr lebenslängliches Altern nun schon?

IW

Bald sechzig sage ich, seitdem ich siebenundfünfzig bin. Aber ich freue mich noch auf den Kaffee und die Tageszeitung, falls Sie das meinen.

iw
Eine Ihrer ersten Veröffentlichungen wurde 1991 vom Förderkreis der Schriftsteller in Rheinland-Pfalz zum „Buch des Jahres“ gekürt. Seither haben Sie neben Erzählungen zwei Romane, Hörspiele und Radiofeatures verfasst. 2008 ernannte Sie das Literaturbüro in Mainz zur „Autorin des Monats“. Das klingt zwar respektabel, aber der internationale Durchbruch lässt wohl noch auf sich warten. Ihre Bücher sucht man vergeblich in den Regalen. Die meisten Ihrer Veröffentlichungen bei Kleinverlagen wurden außerdem von der Behörde subventioniert. Ihr letztes Buch haben Sie gar als „Privatdruck“ herausgegeben, das heißt, selber geschrieben und dann auch noch komplett aus der eigenen Tasche bezahlt. Mir kommen Sie etwas eigensinnig vor, offen gesagt.

IW
Wenigstens ein bisschen unangepasst darf ich doch sein, auch wenn das nicht mehr in Mode ist. Sehen Sie, ich habe mich in der Bedeutungslosigkeit eingerichtet, denn das Ringen um Wichtigkeit widert mich an. Die Kämpfe blähsüchtiger Hirsche in den Feuilletons und bei den Talkrunden sind mir ein Gräuel.

iw
Erfüllt es Sie mit Genugtuung, wenn Schatten auf derlei sich im Licht drängende Gestalten fallen? Sie sprechen doch von der Ichbezogenheit schreibender Männer, die es nicht lassen können ...

IW

... deren Ichsucht wird nur noch von der Ichsucht schreibender Frauen übertroffen. Oft tarnen sich Frauen nur raffinierter. Es geht um Schreibzwang, Redezwang, eitles Hervorkehren einer vermeintlichen Bedeutung! Für das Mittelmaß gibt es keine Kriterien, das habe ich früh begriffen. Das meiste, was geschrieben wird, ist Mittelmaß, und sein Erfolg hängt vom Zufall ab oder von der jeweiligen Mode. So verbringe ich still und dankbar meine Tage in einem Mainzer Vorort, sorge für geputzte Fenster und koche täglich frisches Gemüse. Vermutlich würde mich nichts heftiger erschrecken, als wenn irgendjemand dem, was ich seit fünfundzwanzig Jahren am Schreibtisch produziere, tatsächlich Beachtung schenken würde. Meine einzige Hoffnung: Dass niemand kommt und mich stört. Im Übrigen: Wollte ich unbedingt in die Zeitungen und ins Fernsehen, hätte ich es, statt mit Schreiben, wahrscheinlich als Politikerin versucht.

iw

Prima Idee, warum sind Sie eigentlich keine Politikerin geworden? Jahrelang fungierten Sie als Vorsitzende des Vereins, der sich für den Synagogenneubau eingesetzt hat, man sah Sie sogar im Plenarsaal des Landtags Reden halten und recht geschickt Honneurs machen. Aber lassen Sie mich noch einmal zurückkommen zu der Frage: Warum schreiben Sie? Was reizt Sie an einem Leben in Fiktionen?

IW

Gar nichts reizt mich daran. Mir fehlt nur der Wille, aufzuhören nach so vielen Jahren. Es ist die blöde Gewohnheit, meine Zeit mit Leuten zu verbringen, die ich göttergleich erschaffen habe.

iw

Figuren, die Ihnen applaudieren, Sie lieben und sich stets so verhalten, wie Sie es ihnen vorgeben. Woody Allen's *Harry Block* lässt grüßen. *„Sechs Therapeuten und drei Ehefrauen später, und ich kriegte mein Leben immer noch nicht auf die Reihe.“* Träumen Sie manchmal von New York?

IW

Könnte ich Geige spielen, würde ich nicht schreiben. Kein Wort. Ich würde in New York in einem Apartment mit Blick über den Central Park West leben und wäre berühmt, weil ich dieselbe Partita von Bach wieder und wieder in einer nie zuvor gehörten Perfektion spiele.

Bücherschreiben ist beschämend wie eine unappetitliche Krankheit. Ich behaupte, keine gesunde, lebenstüchtige Frau fühlt sich dazu gedrängt, Romane zu verfassen, denn sie hat Amüsanteres zu tun. Sie ist im Beruf erfolgreich, bekommt prächtige Kinder, schickt noch vor den Wechseljahren ihren Mann in die Wüste ...

iw

... und selbstverständlich sieht sie modellmäßig aus wie Claudia Schiffer ...

IW

... sie geht tanzen, sie nimmt sich zwei, drei Liebhaber, sie genießt das Leben wie ein Fest und fantasiert das nicht bloß an ihrem Computer herum.

iw

Und schreibende Männer, sehen Sie die auch als Eskapisten an?

IW

Nun, was lässt sich schon mit Gewissheit sagen? Vermutlich läuft es bei denen nicht viel anders. Für die meisten gäbe es Nützlicheres zu tun. Sie könnten den Rasen mähen und Büsche schneiden. Meistens wäre das Auto auszusaugen. Wollten Sie einen haben, der Ihnen abends im Bett droht: Bist du gefügig? Oder brauchst du erst noch ein paar von meinen Gedichten?

iw

Okay, ich verstehe, Sie halten bloß Ihre eigenen Sätze für erotisch! Wie sind Sie denn damals, bereits mit Mitte Dreißig, überhaupt zum Schreiben gekommen?

IW

Meine Situation war so, dass ich eine Arbeit brauchte, die ich zu Hause erledigen konnte. Dadurch kam ich auf den idiotischen Gedanken, Geld verdienen zu wollen, indem ich Arzt-Romane schrieb. Leider hat mein Talent für solche Heftchen nicht ausgereicht, und so geriet ich in die üblen Fänge der Literatur. Anfänglich schien mir das bequem und auch erstaunlich, wie es funktionierte: Ich schloss meine Zimmertür, ließ das Geschrei der Welt draußen, setzte mich an den Schreibtisch und lauschte den Wörtern nach. Dabei fühlte ich mich bedeutend, hochgehoben an den Achseln von unsichtbaren Händen.

iw

Aber dann schrieben Sie einen Roman über Ihre Kindheit, und seither können Sie sich in ihrem nordbadischen Dorf nicht mehr blicken lassen? Es heißt sogar, Sie seien von Ihrer empörten Familie enterbt worden.

IW

Alles Quatsch. Das einzig wirklich Autobiographische, das ich je verfasst habe, war das Hörspiel *Von der klugen Else* nach dem Grimmschen Märchen. Ich habe den Text für meine Zwecke bearbeitet und mit Musik von Wolfgang Rihm verflochten. Als ich das Stück Jahre nach der Produktion einmal zufällig wieder hörte, erschrak ich richtig. Plötzlich wurde mir bewusst: Diese Else, die sich fragt, ob sie überhaupt die Else ist oder nicht, das bist doch du! Und am Ende läuft sie ja auch schreiend aus dem Dorf hinaus, wo die Leute hinter ihren Vorhängen lauern.

iw
Die Else kommt nie wieder. So war es doch? Und Sie sind auch aus Ihrem Dorf gelaufen und möchten einmal nicht auf dem Friedhof bei Ihren Müttern und Vätern liegen?

IW
Das einzige, was mir in dem Dorf noch gehört, ist tatsächlich das Grab der Großeltern. Es hat einen weißen Stein, grad neulich frisch geputzt, der leuchtet richtig. Ein Augenmagnet. Aber ich weiß nicht recht, der Gedanke an meine Beerdigung ist mir etwas ungemütlich im Moment, zumal wir noch Winter haben.

iw
2009 erschienen von Ihnen die fiktiven Begegnungen mit Anna Seghers und dem jüdischen Mainz *Ausflug der toten Bräute*. Bewegt von der Frage nach einer aus den Schrecken heraus gewachsenen, jüdischen Urangst, ziehen Sie eine direkte Verbindung von den Kreuzzügen bis zur Nazidiktatur und der Gewaltherrschaft Stalins. Sie fragen, warum es für Anna Seghers immer nur den nach Moskau gerichteten Blick gab. Immer war alles rot und heiß vom Großen Oktober. Warum war der Traum von Israel nie eine Alternative? Ein verworrenes Werk. Wie findet dieses Buch eine Leserschaft?

IW

Ich verkaufe bei Lesungen, gelegentlich bestellen Buchhandlungen direkt bei mir. Mich freut es immer, wenn ich ein Päckchen abschicken kann.

iw

Nach einem Bestseller klingt das nicht gerade. Ich frage mich, wie Sie das, was Sie ein Schreibleben nennen, überhaupt rechtfertigen vor der Welt? Um einmal mit Ihren eigenen Sätzen zu argumentieren: Frau Wittmer, haben Sie nichts Nützlicheres zu tun?

IW

Tatsächlich gebe ich das Bücherschreiben bald auf. Irgendwie käme selbst mir, bei meiner Langsamkeit, ein Beharren mit der Zeit töricht vor. Aber es sind doch mit den Jahren ein paar Gedanken gewachsen, die ich weitergeben möchte. Oft nehme ich mir Zeit und höre jungen Leuten zu, gerade solchen, die keine Bücherwürmer sind, mit Monteuren, die sich für ihre Arbeit nicht rechtfertigen müssen wie ich. So habe ich gerade eine „Lese- und Schreibwerkstatt für Auszubildende in Handwerksberufen“ entwickelt.

iw

Da haben Sie sich etwas Schönes vorgenommen. Fragen Sie mal bei der Handwerkskammer an, ich sehe schon, dort werden Sie mit Ihren Ideen offene Türen einrennen. Aber meinen Sie ernsthaft, die Leute sollen, statt die Heizung zu reparieren oder neue Fenster einzusetzen, lieber Romane schreiben?

IW

Keinesfalls! Es gibt schon genug verführte Existenzen. Mir geht es darum, Menschen, die wirklich im Leben stehen, eine Ahnung von Kunst zu vermitteln. Sozusagen als Lebensertüchtigung. In impulsgebenden Verfahren wird beispielsweise den Fragen nachgegangen: Was unterscheidet Kunstwerk von Handwerk? Warum muss sich Kunst rechtfertigen, das Handwerk nicht? Kann Kunst dazu verhelfen, Macht über sich selbst zu gewinnen? Vielleicht sollte ich mein Konzept eher etwas hochtrabend „Handwerk trifft Philosophie" nennen.

iw

„*Handcraft Meets Philosophy*" wäre ein super Titel. Mit einer Powerpointpräsentation aufgepeppt, fände dieser Workshop bestimmt eine Menge Sponsoren. Und das Schreiben dient Ihnen dabei sozusagen als Experimentierfeld?

IW

Es wird geschrieben und gelesen, ein Topf wird zertrümmert, Kuchen gegessen, Musik gehört. Ich habe die Idee entwickelt aus dem Aufsatz *Aktualität des Schönen – Kunst als Spiel, Symbol und Fest* von Hans-Georg Gadamer. Seine Gedanken inspirieren mich seit langem. Möglicherweise wirkt das Verfahren etwas rückwärtsgewandt, aber gewiss auch zu Herzen gehend und persönlich. Wer mitgemacht hat, wird diese gemeinsamen Stunden nicht mehr vergessen.

iw

Darf ich Sie fragen, was Sie zur Zeit gerade lesen. Welches sind Ihre Lieblingsbücher?

IW

Ich lese gerade mit großem Interesse eine umfassend recherchierte Biographie über Elisabeth Langgässer.

iw

Sich mit der Langgässer auseinandersetzen, heißt sich auf extremes literarische Selbstbewusstsein und äußerstes Durchsetzungsvermögen einzulassen. Für Elisabeth Langgässer waren die furchtbaren Erinnerungen ihrer Tochter an

Auschwitz vor allem literarisches Arbeitsmaterial. Ohne jedes Einfühlungsvermögen forderte sie von Cordelia detaillierte Berichte über die erlittenen Qualen. Ich verstehe jetzt, warum Sie vorhin die Ichbezogenheit beklagten.

IW
Ja, manche sind wie einbetoniert, kein Licht, keine menschliche Stimme dringt zu ihnen.

iw
Aber vielleicht hat ja Ihr eigenes Schreiben so etwas Lauwarmes, Halbherziges, weil Ihnen die für ein wirkliches Werk notwendige Schamlosigkeit fehlt?

IW
Meine Lieblingsbücher mögen darauf eine Antwort geben: Immer dabei ist ein guter Teil des Werkes von Adalbert Stifter, der ist mir wichtig seit meiner Mädchenzeit. Dann *Die Wand* von Marlen Haushofer, diese Erzählung lese ich jeden Sommer auf der Terrasse. Und *Hiob*. Mit dem *Hiob* ist in meinen Augen Joseph Roth ein makelloses Kunstwerk gelungen.

iw
Oft zeigt sich Ihre Liebe zu Israel. In Ihrem Anna-Seghers-Buch schreiben Sie, Ihnen leuchte der Satz, nie wieder darf Massada fallen, ein wie kaum eine andere Aufforderung. Haben Sie jüdische Vorfahren?

IW
Vielleicht wohnt eine jüdische Seele in mir. Sie erwarten doch nicht wirklich, dass ich zu meiner Rechtfertigung „Rassenforschung" treibe? Mir kommt die jüdische Weltsicht ganz einfach lebenspraktisch vor. Zuweilen lerne ich ein wenig Hebräisch, weil ich denke, im Himmel brauche ich es ja dann doch.

iw
Zum Schluss möchte ich einen Satz zitieren, der mir aufgefallen ist und der mit dem „Schreibleben“ nicht so rabiat umgeht, wie Sie das heute gezeigt haben:
„Es ist wie an einem trüben Tag, wenn die Lampe im Zimmer brennt und plötzlich die Sonne hereinscheint, dieser schwindelerregende Augenblick, wenn künstliches Licht und Sonnenlicht auf der Schreibtischplatte zusammentreffen. Das ist der Beginn. Alles entsteht aus einem einzigen Satz heraus: Die Zärtlichkeit und die Zuversicht, sie machen das Nicht-Sagen-Können möglich. Dort, wo die Verkleidung Löcher hat, schimmert die Wahrheit durch.“

IW
Ja, manchmal schimmert die Wahrheit durch. Es werden zwanzig Jahre her sein, ich habe das geschrieben, als ich noch zuversichtlich war und unbeirrt. Vielleicht sollte ich mich wieder mehr auf die Tröstungen der Poesie besinnen. Aber darüber denke ich ein andermal nach.

iw
Ich danke Ihnen für das Gespräch.

FÜR JAN CARLOS

VOM ZURÜCKDRÄNGEN DES KATASTROPHISCHEN

Gustavo Taronas Bericht über seinen Besuch bei Adalbert Stifter in Linz

Um mir als Student damals etwas Geld zu verdienen, schrieb ich gelegentlich auch Artikel für das Wiener Vierteljahresmagazin *Kunst & Literatur*.
Was ich Ihnen, meine sehr verehrten Damen und Herren, berichten will, liegt viele Jahre zurück und wird von zehn Menschen vielleicht überhaupt nur einen einzigen interessieren, aber den einen wird es angehen, und der wird es nie vergessen, so wie mir selber die Geschichte bis heute nicht aus dem Kopf geht.

Anlässlich der Verleihung des Ritterkreuzordens von Sachsen an Adalbert Stifter sollte ich für das genannte Kulturmagazin den Dichter in Linz besuchen, um einen Aufsatz über ihn zu schreiben.
Mich freute der Auftrag, der sogar vom Herrn Chefredakteur persönlich kam, denn ich hatte noch im letzten Jahr meiner Schulzeit die Bücher *Bunte Steine* und dann auch den *Nachsommer* gelesen und war neugierig auf den Verfasser. Obwohl ich noch so jung war, behagten mir Stifters kunstvolle Welten, die er zum Trotz seiner Kritiker so unbeirrt aufbaute, und die ihm offenbar ein erfolgreiches Leben ermöglichten.
Mit dem Namen Stifter war für mich die Vorstellung eines sorglosen alten Herrn verbunden, der allzeit schmerzfrei durch blühende Landschaften spaziert.

Ich war kaum zwanzig Jahre alt, als ich den Auftrag bekam, und war gerade niedergeschlagen von einer unerfüllten Liebe. Trauer und Wut um das schöne Mädchen, wegen dem

ich nach Wien gezogen war, und das mich dann plötzlich nicht mehr haben wollte, brachten mich schier um.
Oft hockte ich schon mittags in der Kneipe, trank, spielte und fing Streit an, dass es zu Raufereien kam. Im Zorn hätte ich einmal fast einen Kutscher erschlagen.
Nichts von „Ergebung, Vertrauen, Warten, und es wird hier wie überall gut sein."
Die Lektüre der einschlägigen Stellen im *Nachsommer* hätten mich auf ein späteres Glück vertrösten können. Ich sehnte mich nach Halt und Bedeutung, um im Nachhinein mit Adalbert Stifters Worten zu sprechen, und bildete mir ganz fest ein, wenn ich ihn nun persönlich treffe, würde er ein Netz spannen über dem Abgrund, vor dem ich wankte.

In meine konfuse Gefühlslage kam also der Auftrag des Chefredakteurs vom Wiener Vierteljahresmagazin *Kunst & Literatur* wie ein Geschenk. Unmittelbar fing ich mit meinen Vorbereitungen an, obwohl Stifter auf die Bitte um einen konkreten Termin noch gar nicht geantwortet hatte.

Es war ein trockener Spätsommer. Statt in einer Spelunke hockte ich bald eifrig mit Büchern auf Parkbänken oder an der Donau und las. Zuerst *Bunte Steine* noch einmal, dann die *Studien*. Ich kämpfte hartnäckig mit dem *Witiko* und besorgte mir schließlich die Erzählung *Die Mappe meines Urgroßvaters*.
Das gab dann den Ausschlag, denke ich im Nachhinein.
Mir kommt es bis heute ziemlich verrückt vor, aber Tag und Nacht habe ich dann in der *Mappe* gelesen, wie im Fieber habe ich immer wieder mit dem Doktor Augustinus und Margarita gebangt, bis sie sich endlich küssten und das gemeinsame Glück fanden.
Es ist gut für uns beide.
Und: Was Ihr für ein herrlicher Mann geworden seid, sagte Margarita zu Augustinus.

Schon in diesen Wochen meiner Vorbereitung auf die Reise nach Linz, sehr geehrte Damen und Herren, fühlte ich mich wie nach einer Kur oder ganz einfach wie durch ein Wunder besser. Ich trank keinen Wein mehr und bestand eine schwierige juristische Prüfung mit Erfolg.
Von dem jungen Augustinus, der vom ungezügelten Studenten zu einem fleißigen, hochgeehrten Doktor reift und der durch Mäßigung seine Angebetete für sich gewinnt, ging eine wahre Zauberkraft aus. Ich spiegelte mich in ihm und spürte eine Kraft wachsen, die mir weiterhalf.

Als ich dem Chefredakteur von *Kunst & Literatur* derlei schwärmerische Andeutungen machte, lehnte er sich amüsiert zurück und sagte, es sei kein Übel für eine Reportage, wenn der Frager nicht zuviel wisse, denn gerade die Naivität produziere oft die verblüffendsten Einsichten und Antworten.

Endlich kam der ersehnte Brief aus Linz. Sie können sich vorstellen, meine sehr geehrten Damen und Herren, wie ich mich freute! Der Dichter wollte mich hintereinander am Montag, Dienstag, Mittwoch der letzten Septemberwoche jeweils morgens pünktlich ab zehn Uhr für 60 Minuten empfangen, machte jedoch zur Bedingung, dass ihm die Druckbögen des Aufsatzes anschließend zugeschickt würden, damit er sie selbst korrigiere.
Seither sind mehr als zwei Jahrzehnte vergangen. Ich habe geheiratet und bin in Lübeck ins Kontor meines Schwiegervaters eingetreten. Zuweilen, jetzt im Nachhinein, kommt es mir so vor, als habe meine Beschäftigung mit Adalbert Stifter damals lebensbestimmend auf mich gewirkt, als habe er mich durch seine Schriften geformt.
Ja, tatsächlich: An guten Tagen fühle ich mich, als sei ich durch die Lektüre des Stifterschen Werkes selbst zu einer seiner Figuren geworden. Das Heilende und Besänftigende, das ich in den Wochen vor meiner Reise nach Linz erfahren durfte, hat mich nie wieder verlassen.

So betrat ich in freudiger, fast will ich sagen in weihevoller Erwartung an jenem Montagmorgen der letzten Septemberwoche 1867 präzise mit dem Glockenschlag um 10 Uhr das Haus des Dichters.
Adalbert Stifter saß im Ohrensessel neben einem gusseisernen Ofen und wies mir nach der Begrüßung ein Tischchen zu, wo ich das Schreibzeug ausbreiten und meine Notizen vornehmen sollte.
Die Stimmung war beklommen, so dass ich mich nicht getraute, ihn genau anzusehen, auch in der tiefen, mit alten Möbeln und Geräten vollgestellten, überhitzten Stube schaute ich mich kaum um. Aus den Augenwinkeln erkannte ich, dass der Dichter wirklich seinen Kopf auf die Seite geneigt hielt wie auf dem Foto, das mir der Chefredakteur gezeigt hatte.

Jung sind Sie, sagte Adalbert Stifter zu mir, ein schöner Jüngling. Und nach einer Weile der kritischen Musterung:
So, so, einen jungen, starken Krieger hat mir der Herr Chefredakteur aus Wien also geschickt, anstatt dass er selber herkommt.
Vor Scham stieg mir das Blut ins Gesicht. Offenbar, Sie können sich meine Enttäuschung vorstellen, galt ich ihm hier als Störung. Ich nahm mir vor, möglichst bald das Weite zu suchen.
Eine nachlässig gekleidete, unfrisierte junge Frau stieß heftig die Tür auf und brachte Wein. Beim Eingießen verschüttete sie viel, als würde sie zittern.
Adalbert Stifter trank sein Glas mit durstigen Schlucken aus und sagte zu mir, während er nachgoss, fast hätte sich der Doktor Augustinus damals umgebracht vor Eifersucht.
Sie kennen gewiss meine Hängeszene von der Urfassung der *Mappe*?
Wo er vor einer alten Birke steht, festen Willens, sich zu erhängen? Bevor der junge Doktor Augustinus anfing, sein

Tagebuch zu schreiben, bestand ja die höchste, die allerhöchste Freitodgefahr bei ihm. Erst durch das tägliche Schreiben fand er Halt und Mäßigung. Schreibend hat er sich dann aber entwickelt, bis Margarita zu ihm sagen konnte: Was Ihr für ein herrlicher Mann geworden seid! Augustinus hat alles erreicht. Margaritas Liebe, die Hochachtung seiner Kranken, Wohlstand.

Diese Dichtung, sagte Adalbert Stifter, ist ein Heiligtum, mein Labsal, die schönste Seite meiner Seele. Seit bald dreißig Jahren schreibe ich mich zu Augustinus und seiner Braut hinüber wie zu einer rettenden Insel.
Ich muss an die *Mappe*, sage ich oft zur Mali, die Mali kennt das.
Bis heute, wo ich zweiundsechzig bin, habe ich nicht aufgehört damit. Augustinus und Margarita sind mein bestes Heilmittel. Sie helfen mir besser als die Pillen oder die heißen Wickel vom Doktor Essenwein.
Ja, auch wenn ich's fürchte, sagte Adalbert Stifter zu mir.

Nach einer Weile des Schweigens, ich dachte schon, er habe mich vergessen, merkte er auf. Ich solle ruhig für meine Notizen, sagte er zu mir, das Tischchen besser ans Fenster ziehen, damit ich mehr Licht habe.
Sonst verderben Sie sich ja noch die Augen.

Als es von draußen an die Tür scharrte, erhob er sich mühsam und ließ ein weißes Hündchen herein, das freudig, aber ohne zu kläffen Pirouetten drehte, bis es mit einem Zuckerstück belohnt wurde. Dann machte es einen Sprung auf den Ohrensessel, kringelte sich zusammen und blinzelte mich von seiner bequemen Warte aus an.

Sicher waren nicht nur meine Enttäuschung, der Wein am Morgen und die dämmrige Stube dafür verantwortlich, dass ich in einen Schwebezustand geriet.

Das weiße Hündchen. Ich sah es geborgen im Arm einer schönen, weißgekleideten Frau, die auf einer Riese über eine Schlucht balanciert und plötzlich lautlos in die Tiefe stürzt.

Ich erschrak, als Adalbert Stifter sagte: Nun, wo sein Platz von der Putzi besetzt sei, möge ich ihm erlauben, ein Stück auf und ab zu gehen, während er erzähle, denn der Doktor Essenwein habe ihm das Sitzen wegen seiner gastrischen Zustände eigentlich verboten.
Ich könne mir gar nicht vorstellen, sagte er, was für irrsinnige Leibschmerzen er Tag und Nacht ausstehe!
Vor lauter Schmerzen müsse er oft brüllen wie ein Ochse.
Aber noch dieses letzte Mal müsse er das Katastrophische zurückdrängen und sich in der *Mappe* bis zum guten Ende hinschreiben. Wenigstens einmal noch müsse er die Seligkeit des Moments auskosten, wo Augustinus und Margarita schließlich in Ruhe, Würde und Vernunft zueinander sagen:
Es ist gut für uns beide.
Dieser Satz solle sein Schlusspunkt sein.
Dann würde es heißen: Hier ist der Dichter gestorben.

Nach dieser Vorrede von ihm, die ich im Nachhinein als eine Art Grundlage oder sogar als Bedingung für ein wirkliches Gespräch mit mir deute, kam es zu einem Examen, das ich offenbar bestand.
Bunte Steine? *Studien*? *Nachsommer*? *Witiko*?
Die Mappe meines Urgroßvaters?
Wie haben Sie die *Mappe* aufgenommen?
Die *Mappe* in allen bereits vorliegenden Fassungen?
Adalbert Stifter freute sich, als er merkte, dass ich Vieles von seinem Werk gründlich und mit Verständnis gelesen hatte und dass ich sogar erheblich unter seinem Einfluss und seiner Wirkung stand. Besonders die Tatsache, dass Augustinus unser gemeinsamer Freund war, gefiel ihm und machte ihn zunehmend heiter.

Er wollte auch wissen, was mich so umtreibe.
So, so, sagte er, Jurastudium, ich verstehe, und das Mädchen, wegen dem Sie nach Wien sind, ist Ihnen also davongelaufen.
Er kam auf mich zu und reichte mir die Hand, als wäre ich jetzt gerade erst zu ihm hereingekommen, und ich verbeugte mich dankend wie bei einer Gratulation.
Schön, sagte er und betrachtete mich wohlwollend, dass der Herr Chefredakteur einen jungen Krieger geschickt hat, statt selber herzukommen, war eine glänzende Idee von ihm.
Von nun an redete er wie ein väterlicher Freund mit mir, und meine anfängliche Scheu verging.

Im Laufe des Gesprächs sagte er, seine Frau würde uns zu Mittag eine Mahlzeit kochen.
Sie essen doch bei uns?
Kochen kann die Mali nämlich. Und unsere Ziehtochter, die Katharina, die Sie vorhin schon gesehen haben, wird sich freuen, wenn einmal ein netter junger Mann mit am Tisch bei uns sitzt. So sind die Ziehtöchter nämlich, sagte er.
Wir verabredeten, dass ich um elf Uhr gehen und pünktlich um Viertel nach Zwei zum Essen wiederkommen würde.

Daraufhin beanspruchte Adalbert Stifter selbst wieder den Platz im Sessel und ließ das weiße Hündchen, das zufrieden seufzte, auf seinem Schoß weiterschlafen. Er fing an, mir in wohlüberlegten Sätzen sein Leben der Reihe nach zu erzählen: Damit Sie Ihre Blätter mit System vollschreiben und am Ende das Nötige für den Aufsatz auswählen können.

Vermutlich haben Sie bereits recherchiert, dass ich aus Oberplan stamme, es ist ungefähr siebzig Kilometer von hier, im südlichen Böhmerwald, sagte Adalbert Stifter zu mir. Auch über die Landschaft mit der schönen Moldau werde ich

Bescheid wissen. Darüber habe er genug geschrieben, sagte er.
Also in Oberplan sei er geboren. Napoleon war grad ein Jahr Kaiser.
Passen Sie auf, sagte er, dass Sie wirklich 1805 schreiben, denn früher habe ich manchmal 1806 angegeben, weil's mir peinlich war, dass die Eltern erst kurz vor meiner Geburt geheiratet haben. Aber den Schwindel brauch ich jetzt im Alter nicht mehr.
Mein Vater bewirtschaftete seine Felder und betrieb einen kleinen Flachshandel. Alles einfach, bäuerlich und bescheiden bei uns.
Von ihm selbst heiße es, er sei als Bub nicht nur aufgeschlossen und wach gewesen, sondern er habe auch irgendwie grausame Züge aufgewiesen.
Vielleicht habe ich mich vor Zorn auf dem Boden gewälzt oder den Insekten die Flügel ausgerissen, was weiß ich, sagte Adalbert Stifter zu mir. Aber meine Mutter, sagte er, vielleicht kennen Sie so was, ist ein unergründlicher See von Liebe gewesen. Sie hat mich immer verstanden, auch später.

Als er zwölf Jahre alt war, passierte ein schlimmes Unglück.
Mein Vater ist nämlich von einem umstürzenden Flachswagen erschlagen worden. Es war eine Katastrophe für die Familie, das können Sie sich ausmalen. Ein enormer Schock.
Der Vater des Vaters führte dann unsere Wirtschaft weiter. Wir waren ja vier Brüder und eine Schwester. Ich als der Älteste half tüchtig mit. Wir haben gepflügt und geeggt und haben unsere Rinder gehütet und waren fast immer im Freien.
Von daher komme es, sagte Adalbert Stifter zu mir, dass er bis heute die Luft der Berge brauche und dass er Landschaften so liebe.

Weil unser Lehrer in Oberplan den Rat gab, dass ich ins Gymnasium soll, bin ich dann zum Kapellan in den Vorunterricht gegangen. Latein! Der hielt mich gleich für völlig unbegabt.
Komplett talentlos, der Bursch, sagte er.
Aber davon, freilich, wollte mein anderer Großvater, der mütterlicherseits, der von Beruf Fleischer war, nichts hören.
Ich spüre noch, sagte Adalbert Stifter zu mir, wie er mich gepackt hat mit seiner Pranke.
So, Bertl, hat er gesagt. Auf geht's, vorwärts. Mir finden ein' Weg für dich.
Der Großvater nahm mich kurzerhand nach Kremsmünster zur Benediktinerabtei mit und stellte mich dort dem Priester Placidus Hall vor.
Das war im Sommer.
Placidus Hall *mit seinem länglichen, sanften, fast eingeschüchterten Gesicht und den sehr schönen klaren blauen Augen.*
Ob ich *Kalkstein* gelesen hätte.
Haben Sie *Kalkstein* gelesen, sehr verehrte Damen und Herren?
Sie haben doch gewiss *Kalkstein* gelesen!
Ja, ja die Erzählung von dem asketischen Pfarrer mit der heimlichen, silberblanken Spitzenunterwäsche, der immer mit der Bibel unterm Kopf geschlafen hat.
Wenn Sie den kennen, sagte Adalbert Stifter zu mir, wie der sich um die Kinder vom Ort gesorgt hat, dann kennen Sie auch Placidus Hall.
Er habe ihn, den Albert, allerlei gefragt, und am Ende sagte er zum Großvater, er solle ihn ab Oktober nur herbringen. Und der Professor Placidus Hall sei ihm tatsächlich wie ein Vater geworden.
Ich war dann ein sehr guter Schüler. Erster Premiant in den Grammatikalklassen. Und ich war fröhlich wie ein junger

Hase. Meine Kinnbacken haben Funken gesprüht. Und ich bin nur so über die Wiesen und Berge weggerannt mit den Kameraden.

Aber als er in den Ferien dann nach Haus kam: Da, ein Schlag! Seine Mutter hatte wieder geheiratet. Einen Bäckermeister. Und direkt kurz darauf bekam sie ein Kind.
Das sei nicht leicht für ihn gewesen. Gar nicht.
Am besten lassen Sie das aus, sagte Adalbert Stifter zu mir. Das tut eigentlich nichts beitragen.
In Kremsmünster habe er auch Unterricht im Zeichnen und mit Wasserfarben gehabt. So sei ihm das Malen von Landschaften dann das Liebste auf der Welt geworden.

Ich solle den Vorhang ruhig zuziehen, falls ich von der Sonne geblendet würde, sagte er. Ja, das hätten wir bei dem Frühnebel erst gar nicht gedacht, dass es einen so wunderbaren Herbsttag gibt. Da wolle er gern noch vorher raus, bevor er an Augustinus und Margarita gehe am Abend.
Ja, was wollen Sie noch aus der Jugendzeit wissen?
Gesund war ich und lustig. Aber mit neunzehn habe ich die Blattern bekommen. Eine verheerende Wirkung!
Ich, der Albert Stifter, als junger Bursch: kaum mittelgroß, beleibt und jetzt auch noch völlig entstellt von den schlimmen Blasen, die gewütet haben im Gesicht.

Lauter schöne, sanfte, gütige Menschen habe er dann erfunden.
Meinen Sie, die hat mal jemand gezählt?
Vielleicht sind es über hundert.
Ihm komme es vor wie tausend, die er erfunden habe, damit sie Gutes bewirkten in der Welt. Er habe alles das in sie hineingelegt, was er liebe und brauche.
Er sagte: Alles, was mir selber fehlt.
Mit einem Mal nämlich, wie ich in den Spiegel sah mit den harten, ausgetrockneten Blatternnarben, da dachte ich, we-

nigstens meine Seele muss gut werden, so gut, dass sie mein hässliches Gesicht überstrahlt. Und ich spürte so eine jugendliche Kraft in mir, verstehen Sie, sagte er zu mir, und eine Liebe, dass ich das wirklich könnte: alles Hässliche auf der Welt ausblenden, alles Katastrophische zurückdrängen.

Ja, ich erinnere den Augenblick präzise, sagte er. Ich habe mich eines Morgens so bewusst im Spiegel angeschaut, und da ist dieser Gedanke über mich gekommen wie eine utopische Wahrheit.

Zum Studieren bin ich dann nach Wien.
Da ich das Gymnasium in Kremsmünster mit den besten Zeugnissen abgeschlossen hatte, studierte ich die Rechtswissenschaft. Außerdem Physik, Mathematik und Astronomie.
Das ist 1826 gewesen.
Aber alle die genauen Daten, sagte er, solle ich dann aus den autobiographischen Notizen übernehmen, die er letzte Woche an den Kehrein für das Lexikon geschickt habe.

Seinen Lebensunterhalt verdiente er als Hauslehrer in angesehenen Familien der Gesellschaft. Schüler anwerben, Bilder verkaufen: Vier Stunden am Tag habe ich manchmal in Antichambern rumgehockt.
Können Sie sich das vorstellen?
Aber ich wollte mich ja unbedingt in die besseren Verhältnisse hineinzwingen. Ich bin eitel gewesen und deshalb ein Unterrichtsmensch geworden. Der von Natur aus elegante Baumgartner hat mich in Wien dann auch vermittelt.
Die Salons und die feinen Kleider und das Mobiliar, verstehen Sie, und das ganze Drumherum, das imponierte mir. Da fühlte ich mich wie ein Kind hochgehoben an beiden Achseln. Hoch hinauf zu denen droben. Wie in einer idealen Kunstwelt kamen die mir ja vor, die Reichen und Schönen mit ihrer fürstlichen Pracht.

Logisch doch, dass ich Affe nicht nachfragte, wenn beispielsweise später dann die Metternichs versäumten, mir meinen Lohn für den Mathematikunterricht zu zahlen, den ich ihrem Sohn, dem Richard, erteilte.
Ich war ein ungeschickter Geldmensch, sagt Adalbert Stifter. Bis heute muss ich mit der Papiertüte rumgehen und hüpfen wie ein Hanswurst, weil unser Muffi, der noch viel schöner tanzen konnte als jetzt die Putzi, längst gestorben ist.

Freilich krieg ich was vom Staat, sagte Adalbert Stifter zu mir.
Jetzt, wo ich alt bin und es mir bald nix mehr nützt, zahlen sie das Gehalt ohne Frondienst weiter.
Die hohe Staatsregierung zahlt mir schon im Voraus eine Pension. Sie gibt mich nicht der Entehrung preis. Der allergnädigste Kaiser hat mich zum Hofrat ernannt, und dann bin ich beim vollen Gehalt in Pension gegangen.
Aber hören Sie, habe ich meinem geliebten Österreich durch mein Schriftstellertum nicht auch schon viel Ehre eingebracht, sogar im Ausland? Übersetzungen ins Englische und Französische, sogar Orden haben Sie mir verliehen.
Da in der Lade sind sie drinnen, schauen Sie:
Der Franz-Josephs-Orden.
Und das ist der Ritterkreuzorden von Sachsen, der ist funkelnagelneu, für den *Witiko.* Alles das sind Auszeichnungen nur für meine Arbeit als Schriftsteller.
Genaugenommen bin ich doch viel anerkannt worden, auch wenn ich's nicht so geschafft habe wie manch anderer.
Goethe sagt, sagte Adalbert Stifter zu mir, dass zur Ausbildung jedes Talents auch die äußeren Umstände kommen müssen. Und da hat er Recht: Es hätte ja aus mir auch was wirklich Großes werden können, wenn bloß die äußeren Umstände gepasst hätten.

Also, ich krieg jetzt 1.890 Gulden im Jahr, obwohl mir eigentlich nur ein Drittel davon zusteht. Aber wissen Sie, jun-

ger Mann, was allein die ganzen verdammten Kuraufenthalte in Karlsbad kosten, zu denen die Ärzte mich wegen meinem Leberübel schicken? Karlsbad, Lackerhäuser, Kirchschlag. Und wieder Karlsbad. Auch die Mali hat schon Karlsbad gebraucht. Ist es nicht natürlich, dass die Frau, die mich aushält, eine Kur braucht?
Ich will mich ja nicht mit dem Höchsten vergleichen, aber der Goethe, der Schlauberger, konnte in Karlsbad sorglos unter den Arkaden herumspazieren und dabei sein Wasser trinken.

Ich dagegen, ich könnte ohne die Vorschüsse von meinem Verleger überhaupt nicht einmal vegetieren. Beim Verleger Heckenast stehe ich gewiss um bald 18.000 Gulden in der Kreide.
Ob ich mal hören wolle, wie das seit Jahren gehe, fragte er mich und fing gleich begeistert an:

Lieber Heckenast, senden Sie mir auf Rechnung der *Studien* 50 Gulden.
Lieber Heckenast, weisen Sie mir die 150 Gulden, die dann den Betrag der *Studien* voll machen, auf den 2. oder 3. Jänner an. Sie tun mir einen Gefallen, den ich Ihnen mit Fleiss und Liebe für die Arbeit lohnen werde, lieber Heckenast. Es wartet der Wohnungszins und noch einiges an meiner Möblierung. Ich hoffe, lieber Heckenast, die Rechnung bald wieder ins Gleichgewicht zu bringen.
Lieber Heckenast, zu meinem Sommer bitte ich Sie freundlich um Beihilfe: Jetzt 200 Gulden, anfangs August 150 Gulden, anfangs September 100 Gulden, anfangs Oktober 150 Gulden.
Lieber Heckenast, Ihre Sendung hat mich zu Tränen gerührt.

So gehe das endlos mit der Bittpost an den Verleger!

Inzwischen seien zehn Jahresgehälter zusammengekommen.
Erahnen Sie, was das heißt?
Solange ich lebe, kann ich dem lieben Heckenast das nicht zurückzahlen, und wenn ich noch eine Million Blätter vollschreibe, es wird immer wieder Pfändungen geben, fürchte ich, sagte Adalbert Stifter zu mir.
Und der *Witiko*, der *Witiko* wird uns schon gar nicht viel einbringen, die Leute sind halt enttäuscht davon.
Haben Sie den Roman gelesen? Ganz? Den *Witiko*?
Ach so, nicht ganz.
Sie auch nicht, wo Sie mir doch sonst so ein treuer Anhänger sind. Haben Ihnen meine edlen, altböhmischen Recken also nicht zugesagt.
Freilich, ich brauchte ja allein schon für die historischen Vorarbeiten zwanzig Jahre. Eine unmenschliche Anstrengung, obwohl mir die Ärzte oft das Schreiben verboten haben. Sieben Bände könnten Sie allein mit dem füllen, was ich gestrichen habe. Tausende von Seiten. Tausende habe ich gestrichen.
Und mir steht mindestens die Überarbeitung des Belagerungsabschnittes zu Beginn des zweiten Bandes hart vor den Augen. Kaum war's im Druck, dachte ich schon, da muss ich noch mal dran und umschreiben.

Er, verstehen Sie, sehr geehrte Damen und Herren, der Albert Stifter sagte, er habe es halt nicht geschafft, so wie es beispielsweise der elegante Baumgartner geschafft hat, obwohl der wie er auch aus einfachen Verhältnissen gekommen sei.
Bitte?
Ja, den Andreas Freiherr von Baumgartner, den meine ich, sagte er, der hat mich anfangs als Student in Wien protegiert.

Haben Sie nicht gewusst, dass der eigentlich aus Friedberg stammt und dass er der Sohn von einem Bäcker war? Schon mit siebzehn ist der Baumgartner nach Wien gegangen und hat neben seinem Studium Kinder unterrichtet. Bis zum Finanzminister hat er's gebracht, und er wurde Mitglied des Herrenhauses im Reichsrat.

Die Protektion vom Baumgartner hätte mir schon nützen können, aber sie hat nichts genützt, weil ich mich schließlich für das Schreiben entscheiden musste.
Damals in Wien konnte ich einfach mein Talent nicht länger zurückdrücken, mit dem der Herrgott mich ausgestattet hat. Weil ich das Schreiben ja auch gar nicht länger zurückdrücken wollte. Und wegen dem Schreiben, nur wegen dem Schreiben wurde ich dann von den hohen Staatstellen abgehalten, die mir sonst eigentlich zugekommen wären.

Sonst hätte ich heute gewiss ein Sommerhaus am Traunsee und eines am Ufer von der Adria. Lieber Gott, ich tät dort Goldäpfel, Feigen, Pfirsiche und Oleander pflanzen und Zitronenbäume, und ich würde von meiner verschlungenen Laube aus die Küste und das Meer malen.
Freilich hätten wir für den Winter eine nette, komfortable Wohnung in Wien, die Mali und ich.
Versteht sich, sagte Adalbert Stifter.
Und er und seine Mali würden alle Tage, dachte ich damals in Linz, elegant gekleidet, ruhig waltend und unbekümmert herumgehen, so wie ich mir das vorgestellt hatte, bevor ich ihn persönlich kannte.

Ja. Bloß weil der Albert Stifter das Schreiben nicht länger zurückdrängen konnte, musste er damals als junger Mensch in Wien die mühselige Stellung wählen, in der er sich noch heute als alter Mensch in Linz befindet.

Das, junger Mann, können Sie ruhig genauso in ihren Aufsatz hineinschreiben. So, wie es ist. Und nicht so großartig wie's sein könnte, sagte er.

Nein, nein, der Baumgartner lebt nicht mehr, er war ja älter als ich. Vor zwei Jahren ist er gestorben. Zuletzt war er auch noch Präsident der Akademie, der elegante Bäckersohn und Beweis dafür, was geht, wenn einer nur will.

Vielleicht kennen Sie Friedberg zufällig von dem Bild her, das ich der Fanny gemalt habe? Ja, richtig, da lasse ich das Anwesen ihrer Familie so stattlich herausragen aus den übrigen Häusern.
Ja, natürlich, der Baumgartner war aus Friedberg wie die Fanny Greipl auch. Wohlhabende Familie, sehr wohlhabend. Daher die Verbindung mit Baumgartner und all die blödsinnigen Erwartungen, die ihre Eltern an mich hatten.

Die Greipls, die Greipls haben gedacht, wenn es der Baumgartner aus seinen einfachen Verhältnissen in Wien geschafft hat, dann würde es auch bei mir wie am Schnürchen gehen. Nur deshalb, aus dieser Hoffnung heraus, akzeptierten sie mich überhaupt so großmütig am Anfang unserer Bekanntschaft.
Die Greipls haben sich tolerant gegeben, weil sie gedacht haben, wenn ein Bäckersohn aus Friedberg arrivieren kann, dann arriviert auch der Albert Stifter, der kleinwüchsige Bauer aus Oberplan. Nur aus dieser Illusion der Greipls heraus ist es zu gemeinsamen Urlauben gekommen mit der Fanny und ihren Geschwistern und dem ganzen Budweiser Kreis.
Mathias, der Bruder von der Fanny, war für mich ja bald nicht mehr nur Freund, sondern auch wie mein eigener Bruder.
Ich gehörte doch zur Familie der wohlhabenden Greipls dazu, und die Eltern schätzten den Einfluss durchaus, den ich auf ihren Mathias gehabt hatte.

Als ich die Fanny kennenlernte, da war sie neunzehn.
Und leuchtend, leuchtend wie ein Frühlingstag. Die Fanny war so schön, wie ich hässlich war. Ich?
Ich war zweiundzwanzig.
Als ich dann zum Studium in Wien wohnte, gingen Briefe hin und her zwischen der Fanny und mir. Aber von Anfang an war es doch irgendwie ein Flehen und Winseln auf meiner Seite. Erst langsam mit dem Alter komme ich richtig dahinter, sagte er.

Schreibe ja gewiss, ich bitte herzlich darum!
Schreibe mir bald, bald, bald!
Wenn Du mich ein bisschen liebst, so schreibe mir recht recht bald!
Schreibe mir viel, recht viel, und recht bald!
Ich bitte Dich, schreibe mir!
Schreibe ja gewiss, ich bitte herzlich darum!
Schreibe mir bald, bald, bald, gleich nach Empfang dieses Briefs!
Dein Freund Stifter
Dein Dich ewig liebender Stifter
Dein Dich innig liebender Freund Albert.
Es sei ein Kartenhaus, ein Phantom die ganze Beziehung, um die es ihm bis heute gehe, wo er alt sei und krank.
Ja, jetzt kommt es einmal heraus, sagt er zu mir, wo Sie dasitzen geduldig wie der einfühlsame Doktor Augustinus bei einem seiner bedeutenden Kranken.
Noch nie habe ich das irgendwann so drastisch ausgesprochen.
Ja, Sakrament, musste ich denn wirklich vierzig Jahre warten, bis mir der gefällige Herr Chefredakteur, statt selber nach Linz herzukommen, so einen jungen Krieger schickt, dem gegenüber ich bekennen kann, dass mir die Fanny nie vorgespielt hat, mich so zu lieben, wie ich sie geliebt habe!

Und dass ich damals in Wien das Schreiben nicht länger zurückdrängen konnte, bloß wegen dieser hoffnungslosen, einseitigen Liebe zur Fanny, sagt er.

Ein kompletter Idiot war ich! Ein Tölpel!
Oder glauben Sie, mit Vorhaltungen und Vorwürfen wie ich sie getan hab, ist eine Frau zu gewinnen? Allein schon diese Beweise, die ich dauernd von ihr einforderte, die konnte sie mir einfach nicht geben. Keine hätte es je gekonnt an ihrer Stelle.

Sei ein Geschenk gekommen von der Fanny, habe er sich gesagt, das Ding sei ja kein echtes, freiwilliges Geschenk, sondern bloß wieder so eine Belohnung für irgendein Wohlverhalten von seiner Seite.
Er sagte, mit dieser Belohnung dachte ich mir, die gar kein wirkliches, echtes Geschenk ist, will sie dich bloß wieder hinhalten.
So empfand ich das, weil mir ja jede Souveränität fehlte, die in der Sache notwendig gewesen wäre.
Und dann die Eifersucht, mit der er seine Fanny quälte!
Ich bitte Dich, Fanny, weiche mir nicht aus, sag es mir geradezu – ich kann und will nicht länger in dem Zwitterverhältnis zwischen Freundschaft und Liebe leben.
Unterhältst Du Dich gut im Fasching?
Warst Du schon auf Bällen?
Hat wohl – das geht mir immer im Kopfe – hat wohl der heurige Karneval wieder ein Unglück unter Deinem Busentuche angerichtet?
Schreibe mir bald, bald, bald und alles, alles, alles, was Du von Dir weißt!
Logisch, die Fanny antwortete daraufhin pikiert:
Treten wir wieder zurück in die alten Verhältnisse, ich weiß, Du wünschest es.
Das heißt, sagte er, ganz einfach, dass sie mit mir Schluss gemacht hat, kaum, dass ein rechter Anfang war.

Merken Sie was, junger Mann, sagte er, von Ergebung, Vertrauen, Warten?
Nein, in mir ist ein ohnmächtiger Zorn hochgekocht, so wie der Augustinus zornig war, dass er sich erhängen wollte, nachdem er sich mit seiner Eifersucht alles zerstört hatte. Übergeschnappt wäre ich schier vor Wut.
Und dann reiste ich ihr trotz allem noch nach Bad Hall nach.
Die Fanny machte mich dermaßen rasend, dass ich dachte, jetzt kann ich nicht mehr weiterleben, jetzt werde ich mich umbringen, um es nur recht zu strafen, das falsche, das harte Herz.
Durch das Schreiben musste ich meinen Tod bannen, so wie dann der Augustinus seinen Tod durch Schreiben in sein Tagebuch gebannt hat.

In Kremsmünster beim Placidus Hall hatte ich immer nur die besten Examen. Auch anfangs beim Studium in Wien: Ich hab fleissig studiert, unterrichtet und gemalt.
Und mit der Zeit verkaufte ich auch zunehmend von den Landschaften. Das brachte mir ein gutes Geld ein aus der besseren Gesellschaft, mit der ich alleweil liebäugelte. Ich ging in den Clubs und den Salons ein und aus.
Aber trotzdem war ich nicht völlig blind für die Gegensätze.
Ich hab mich doch auch umgeschaut. Geschockt, hilflos.
Bis heut machen mich die Politik und die ganzen Weltzustände krank, wenn ich bloß dran denke, wie's manchmal unvermeidlich ist, dass man einfach erinnert wird.
Revolutionen, sagte Adalbert Stifter.
Kriege, in denen Deutsche gegen Deutsche kämpfen!
Und dieses Elend, diese Armut! Ich habe genau gesehen, wie die Menschen in der Stadt immer ärmer geworden sind.
Die Frauen und die Kinder schicken Sie für sechzehn Stunden am Tag in die Fabriken und zahlen denen nix wie einen Hungerlohn. Ausgemergelt sind die Kinder und kaputt, nicht mehr zu gebrauchen, wenn sie überhaupt bis ins

Erwachsenenalter kommen. Auch zu Hause bei uns in Oberplan beobachtete ich doch das Elend mit den ganzen Missernten und der bitteren Not.

Und weil ich schon als Student das Katastrophische nicht vertrug, wie ich es bis heute nicht ertrage, da installierte ich mich auf meinem Diwan und las Heine und Börne.
Und der Jean Paul machte einen solchen direkten, starken Eindruck auf mich, dass ich meine ganze Lebensart änderte. Von dem Sommer ab, wo ich auf dem Diwan gehockt bin, und wo ich den Börne, den Heine und den Jean Paul verschlungen habe, wollte ich im Bürgerlichen keinen Fuß mehr fassen.
Bald kam die Pfändung, und die Vermieterin warf mich aus der Wohnung, und ich ging dann meistens auch gar nicht mehr zu den Examen hin.
Mich störte es nicht, dass sie mich gepfändet haben, weil ich nämlich bloß noch als Künstler leben und schreiben wollte. Mir war das Heruntergekommene, Verwahrloste eine prächtige Bestätigung in meiner neuen Religion.
Aber der von Natur aus elegante und erfolgreiche Baumgartner, der mich ja, wo es ihm möglich gewesen ist, gefördert hat, war sehr enttäuscht. Und so hat er aus seinem hohen Verantwortungsbewusstsein heraus dann nach Friedberg den Greipls melden müssen:
Dass es wohl nix wird mit der gesicherten Zukunft für die schöne Fanny, weil der Stifter zwar zu den schriftlichen Prüfungen geht, dann aber die mündlichen vergisst und so fort, und weil nämlich der Stifter aus Oberplan überhaupt bloß noch wie ein selbsterwählter Hungerkünstler leben will.
Aus, sagte Adalbert Stifter, zu mir damals in Linz.
Dagegen konnte freilich seine verheissungsvolle Post gar nichts ausrichten.

Baue und vertraue auf mich, schrieb er an die Fanny, eher verlasse ich das Leben als dass ich Dich verlasse. Ich will

arbeiten, was ein Mensch arbeiten kann, aber Du müsstest aus Liebe und Vertrauen auf mein Versprechen Dich selbst zum Lohne meiner Mühe aufsparen.
Das habe er sich eingebildet, dass er von der Fanny fordern könne:
Wenn Du mich liebst wie ich Dich, dann ist auch Dir das Ziel nicht zu weit, und die Ausdauer nicht zu lange. Was sind ein paar Jahre? Im schlimmsten Falle kann es sechs bis acht Jahre dauern, und warum soll treue Liebe diesen Zeitraum nicht überwinden können?
Nur kleine und schwache Seelen schrecken vor großen und weit aussehenden Plänen zurück. Von meiner Seite setze ich Dir meine Seligkeit zum Pfande.

Ja, stellen Sie sich das mal vor, dickleibig war ich damals schon, hässlich und dauernd ist mir der Schweiß aus allen Poren geströmt, dass ich nass war wie ein Ackergaul.
Geschlagene acht Jahr lang hätte die schöne Fanny auf mich warten sollen, das verlangte ich Idiot, wie nichts, verstehen Sie, sagte er.
Bestimmt haben Sie doch meine Studien ganz zu Ende gelesen?
Da habe ich das Motiv mit der Hässlichkeit bei meiner Erzählung über die Brigitta aufgegriffen, die zum Murai sagt: *Ich weiß, dass ich hässlich bin, darum würde ich eine höhere Liebe fordern, als das schönste Mädchen dieser Erde*.

Unmenschliche Liebe, verstehen Sie, sagte er zu mir, verlangen immer nur die Hässlichen. Und er habe der Fanny auch noch damit gedroht, dass er aus der Harmonie in Extreme fallen könnte und dass er sündig würde!
Ja, was soll sie sich da vorgestellt haben? Schon vor lauter Schreck hat sie gezittert und geweint Tag und Nacht.

Der Mathias, der Bruder von der Fanny, hat mir dann geschrieben, dass es den Eltern lieber ist, wenn ich nicht mehr mit der Fanny korrespondiere.
Patsch!
Ihre Tür haben sie zugeschlagen, die vornehmen Greipls. Und ich bin ein ewiger Kandidat geblieben, der sein Leben schreibend zubringt.
Das sei seine selbstgewählte Stellung.
Eine zuckende Seligkeit, die sich lohnt, das sag ich Ihnen!
Viel trinken soll ich, sagte er, und ging mit dem weißen Hundchen unter dem Arm im Zimmer auf und ab. Literweise trinken, verordnet der Doktor Essenwein. Quellwasser, verlangt er von mir, verstehen Sie? Aber mir persönlich tut der Rebensaft einfach besser.
Nehmen Sie auch noch ein Glas, fragte er mich, und ich war froh, weil nur noch ein Rest aus der Flasche tröpfelte.
Dieser Brief vom Mathias sei fast das Ende für ihn gewesen. Tagelang habe er das Bett nicht mehr verlassen. Und dann habe ich das Studium nach fünf Jahren ohne Abschluss hingeschmissen. Radikal, weil er in nichts mehr einen Sinn gesehen habe, sagte er.

Der Stifter ist nämlich kein Eskapist, wie immer vorgeschoben wird. Im Gegenteil!
Der Stifter hat die krankhaften Extreme selber durchlebt und weiß, was unkontrollierte Gefühlsbewegungen auslösen können in einem Menschen.
Genau davor will ich warnen. Nur deshalb nehme ich überhaupt diese Schreibqual auf mich.
Erst vor dem persönlichen Hintergrund des Katastrophischen, der mit dem Tod drohenden Maßlosigkeit könne sein Werk recht verstanden werden.
Und bloß darum gehe es ihm.
Ein Vollglück, wie ich es jetzt seit dreißig Jahren mit meiner Mali durchlebe, ist nur durch Beschränkung möglich. Neh-

men Sie das mit als Lebensrezept, junger Krieger, sagte er zu mir.

Als Fremder hatte ich mit dem Glockenschlag um zehn Uhr das Haus von Adalbert Stifter betreten. Mit der noch einmal sehr herzlich ausgesprochenen Einladung, doch später zum Mittagessen wiederzukommen, wurde ich mit dem Glockenschlag der Standuhr um Elf verabschiedet.
Adalbert Stifter wollte inzwischen an einem begonnen Ölbild weiterarbeiten, denn das Licht fiel eben so günstig ins Zimmer.
Mir war das recht. Von den unerwarteten Eindrücken wie betäubt, ging ich unverzüglich zu meinem Gasthof, legte mich ins Bett und schlief tief und fest wie nach einer langen Wanderung. Wieder pünktlich, weil es anders als pünktlich gar nicht möglich gewesen wäre, betrat ich dann erfrischt und hungrig das Haus des Dichters.

Amalia Stifter, die ein violettes Seidenkleid und ein aus dem selben violetten Stoff gefertigtes Hütchen trug, begrüßte mich. Merkwürdigerweise sind mir besonders ihre Zähne im Gedächtnis geblieben, die ihr im Mund saßen wie Erbsen in der Schote.
Sie sagte: „Ich danke Ihnen, dass Sie gekommen sind, um mit uns zu speisen. Meinen Mann freut es immer, wenn er bei den Mahlzeiten Gesellschaft und eine verständige Unterhaltung hat und wenn er sich nicht alle Tage bloß mit mir guter, dummen Haut begnügen muss.“
Sie sprach diese Worte ganz selbstverständlich. Liebenswürdig bedankte sie sich für das mitgebrachte Asternsträußchen und schickte Katharina, die nun eine Art Nachthaube über ihre quellende Haarpracht gestülpt hatte, nach einer Vase.

Bevor wir uns zum Essen hinsetzten, zeigte mir Adalbert Stifter noch die Fortschritte an seinem Gemälde, das er *Die Ruhe* nannte.
Er sagte, vielleicht werde es sogar, wenn es fertig sei, einem Kunstwerk nahekommen.
Offenbar wirtschafteten Frau Stifter und ihre Nichte Katharina, die sie vor ein paar Jahren als Ziehtochter aufgenommen hatten, allein in der Küche. Eine Magd habe ich nur im Garten beim Aufhängen der Wäsche gesehen. Während des Essens entwickelte sich eine lebhafte Unterhaltung, zu der vor allem Amalia Stifter beitrug, die gerne ausdauernd lachte und dabei ihre erbsenmäßigen Zähne zeigte. Wenn Katharina geschickt wurde, die leeren Teller abzutragen und weitere Speisen aus der Küche zu holen, tat sie das mit kaum unterdrücktem Zorn. Dem Geklapper nach ging sogar eine Schüssel oder ein Teller zu Bruch, worüber jedoch am Tisch nicht verhandelt wurde. Nur die Putzi, die mir gegenüber artig auf einem erhöhten Stuhl saß und die Leckerbissen genoss, die ihr Adalbert Stifter ins Schnäuzchen schob, schaute bekümmert.
Weil er gerade mit dem Gemälde so gut am Zug war, bat er mich um die Verschiebung unseres Termins am nächsten Morgen. Wir verabredeten, dass ich erst wieder zum Mittagessen kommen sollte und dass wir danach miteinander weiterarbeiten würden.

Da ich am zweiten Tag, inzwischen an Frau Amalias Tisch ganz heimisch geworden, von den köstlichen Speisen viel zu viel gegessen hatte, war es mir sehr angenehm, als der Dichter einen Verdauungsspaziergang entlang der Donau vorschlug. So verließen wir das Haus. Er hängte sich schwitzend und schwer an meinen Arm und musste, von einem Schluckauf gequält, immer wieder stehenbleiben, um durchzuatmen.

Sind Sie auch wieder so satt? Der Doktor Essenwein droht ja dauernd, ich soll Diät halten wegen meiner gastrischen Zustände, sagte er.
Ja, freilich, eine Diät, das wäre was aus der Apotheke vom Herrgott.
Keinen Wein trinken, nur noch Spargel essen oder überhaupt gar nix mehr. Aber so gut wie meine Frau die Leberknödel macht und die ganzen süßen Mehlspeisen, da müssen Sie doch auch zugeben, junger Freund, sagte er, dass eine Diät unmöglich ist.
Wenigstens war es vernünftig, dass wir Zwei zum Ausdünsten jetzt hinaus gegangen sind. Wenn bei mir nämlich die Verdauung in den Unterleib kommt, kriege ich so eine Unruhe und fange noch mehr zu schwitzen an.
Ah, das tut gut, sagte er. Was für eine milde, köstliche Luft heuer. Immer bin ich froh, dass wir so direkt bei der Donau wohnen für meine Spaziergänge. Und wie die Rosen noch duften im Sterben. Da pflück ich nachher der Mali eine ab.
Lassen Sie uns doch ruhig das kurze Stück bis zur Anlegestelle gehen.
Was ich Sie fragen wollt: Wenn Sie übermorgen zurück nach Wien fahren. Könnten Sie mir dort einen Gefallen tun? Es ist vielleicht ein bisschen lächerlich. Aber ist Ihnen gestern, wie sie fort ist, an meiner Frau das violette Hütchen aufgefallen, das wie schwäbisch aussieht und nur hinten auf den Zopf passt?

Ja?
Ich habe es vor Jahren in der Weihburggasse gekauft. Es hing dort in einer Auslage und hat 1 Gulden und 30 Kreuzer gekostet. In ganz Linz ist es bis heute das einzige derartige Objekt geblieben. Es hat ja wie eine Revolution eingeschlagen. Und die beste Freundin von meiner Frau wird nicht mehr glücklich, wenn sie nicht auch noch so ein Hütchen bekommt. Bald wöchentlich fragt sie danach.

Sie wollen die Kommission übernehmen?
Ich sagte zu und dachte, vielleicht wird ja ein ganzer Handel daraus, und sämtliche Linzer Frauen werden für ewig ein Loblied auf mich und ihre violetten Hütchen singen.
Tatsächlich bin ich ja Geschäftsmann geworden und kein Künstler. Im Nachhinein ist es mir, als hätte meine Beschäftigung mit Adalbert Stifter und seiner Kunst zwar auf mich eingewirkt, und ich bin gestärkt daraus hervorgegangen, aber es war für mich doch so, wie man aus einer Krankheit kuriert hervorgeht. Bisher bin ich sogar durchgekommen, ohne Einträge in ein Tagebuch zu schreiben. Die Künstler, denke ich, sind ein anderer Menschenschlag. Der Preis für ein Leben in ihrer Welt wäre mir zu hoch gewesen. So urteile ich heute, sehr geehrte Damen und Herren, und bitte um Ihre Nachsicht, wenn ich Ihnen, was ich in Linz erlebt habe, nur mit den dürren Worten eines Kaufmanns berichten kann, der ins Kontor seines Schwiegervaters eingetreten ist.
Wissen Sie, meine Frau ist mir das Liebste auf der Welt, sagte Adalbert Stifter bei unserem Verdauungsspaziergang an jenem Nachmittag im September 1867. Ein Meer von Liebe! Und sie wirtschaftet einfach und gut. Sie hat immer zu mir gehalten, und das dank ich ihr.
Erst nach und nach habe er sich als Student damals in Wien so weit gebracht, dass seine Exaltationen zurückgegangen seien.
Adalbert Stifter hat die Extreme durch vorsätzliche Selbstverhärtung weggedrängt, und indem er regelmäßig angefangen hat zu schreiben, ist es dann zu der nötigen Vernunftwürde gekommen.
Ja, das war schon so, sagte er zu mir, den Satz, sagte er, können Sie nachher notieren.
Seine Vernunftwürde, die habe er sich durch Schreiben erkämpft, sagte Adalbert Stifter zunehmend schwerer atmend.

Ich war froh, als wir endlich dort bei der Anlegestelle eine der Sitzbänke erreichten, so dass er sich niederlassen konnte.
Er presste beide Hände auf seine Leber, er sagte, die Leber sticht so elend, dass mir die Luft wegbleibt. Das Hundchen sprang ihm auf den Schoß. Ja komm, Putzi, sagte er mit erstickter Stimme, setz dich her und wärm dem Herrchen seinen geschundenen Leib, die Wärme lindert.

Lange sprachen wir nichts mehr. Vor lauter Schmerzen hätte er gar nicht sprechen gekonnt. Schweiß rann über sein Gesicht, er bebte und rang nach Luft. Ich überlegte fieberhaft, wie ich ihn in sein Haus zurückbringen könnte. Kein Mensch war in der Nähe, nur am Ufer gegenüber sah ich zwei Angler.
Hilflos tupfte ich ihm mit meinem Taschentuch die Stirn ab, ich öffnete auch seinen Kragen und fächelte ihm Luft zu, was er sich alles geduldig gefallen ließ. Vor lauter Angst, der Dichter und Maler Adalbert Stifter würde in jedem Moment auf dieser Bank vor der Anlegestelle sterben, wurde mir selber ganz schlecht.

Als wollte er mich endlich von seinem erschütternden Körperereignis ablenken, flüsterte er, da schauen Sie die Taube, die denkt bestimmt, wir hätten ihr was mitgebracht.
Schönes Tier in seinem feinen grauen Kleid. Wie Seide die Federn. Mir sind die Tiere immer lieb gewesen.
Auch die Käfer auf den Butterblumen.
Als hätte ihn der Gedanke an Käfer und Butterblumen von allen Schmerzen befreit, lachte er plötzlich, ja auch die Käfer auf den Butterblumen, gerade die! Soviel Humor habe ich noch trotz allem.

Aber zurück nach Wien, sagte er nach einer Weile, noch immer schwer nach Luft ziehend. Schließlich hat Sie ja der Herr Chefredakteur für einen Aufsatz geschickt und nicht,

um mich in meinem Elend zu sehen. Als ich nach dem Bruch mit der Fanny in meinem Wiener Lotterdasein dann die Amalia Mohaupt kennenlernte, hat sie unmittelbar etwas Regelmäßigkeit bei mir bewirkt. Vor unserer Verheiratung arbeitete die Mali als Putzmacherin, sie kommt aus einfachen Verhältnissen, aber sie ist ein Schatz. Sie haben ja, sagte er, bereits gestern erlebt, wie sie ist: Ehrlich und verständnisvoll.
Schon nach kurzer Bekanntschaft haben wir uns verlobt.
Die Mali sei jung gewesen und so bezaubernd.
Und trotzdem.
Ich musste mir die Augen von innen selber zudrücken, weil ich doch spürte oder zu spüren glaubte:
Es gibt nur eine einzige Liebe und danach keine mehr.
Für mich musste es mit der Mali halt ein Glück werden, das aus dem Unglück heraussprießt wie ein Halm.
Offen gesagt, während der ganzen Verlobungszeit habe ich mich immer nur auf den Schlaf gefreut, wenn ich gar nichts wusste, oder wenn ich von der Fanny träumte. Wenn ich im Traum durch zarte Seide Fannys Glieder spürte, floss es wie ein Wunder durch mein Leben.

Ja, doch, wenn Sie das wissen müssen, antwortete er auf meine direkte Frage, es kam zu einer letzten Begegnung mit der Fanny. Bei der Hochzeit von einem Freund in Friedberg haben wir uns in der Kirche noch ein Mal gesehen.
Die Fanny hat Tränen in den Augen gehabt, und sie hat sich von mir weggedreht.
Ich habe ihr daraufhin geschrieben.

Alles ist vorüber, habe ich geschrieben: Aber diese Begegnung hat neuerdings gezeigt, wie unbesiegbar meine Liebe zu Dir ist, sie ist die letzte Verirrung meines Gefühls gewesen, und hat aber das Gute bewirkt, dass ich nun sanft und still sein will.

In reiner, schöner Liebe werde ich Dein Bild in mir aufhängen und schmücken mit der liebreichsten Verehrung immer und immer fort.
Ich will nur allein Dich zur Braut meiner Ideen machen und Dich fort lieben bis an meinen Tod.
Lebe wohl, ich bin ewig Dein Dich innigst liebender Freund.

Diesen Schwur schrieb ich an die Fanny trotz meiner Verlobung mit der Mali, sagte er.
Die Fanny habe dann den Kameralsekretär Josef Fleischanderl geheiratet und er die Amalia Mohaupt, ein paar Monate später.
Aber er konnte nicht aufhören, in seinem Innern durch Trotz das Leben herabzuwürdigen. Nicht die geringste Annäherung an eine Erhabenheit damals, sagte er.
Die Fanny war inzwischen neunundzwanzig, und ich war zweiunddreißig. Solange dauerte das alles mit uns.
Und ich habe dann unter einem Pseudonym angefangen, Gedichte für die Fanny zu veröffentlichen, und ich malte, nur allein für sie.

Als ein mit lachenden und winkenden Ausflüglern beladener Kahn auf uns da an der Anlegestelle zufuhr, sprang er so heftig auf, dass die Putzi von seinem Schoß purzelte und einen Moment lang wie tot liegenblieb vor Schreck.
Ich habe es schon die ganze Zeit gefürchtet, dass der anlegt, rief er. Und die ganzen Leute stürzen raus und verbreiten ihre Grippe oder die Brechruhr oder gar wieder die Cholera, jetzt, wo Linz endlich einmal wieder cholerafrei ist.
Lassen Sie uns unverzüglich zurückgehen ins Haus.
Drinnen an Ihrem Fenstertisch können Sie auch bequemer die Notizen machen.
Vor Angst war er wie verwandelt. Hastig, er wieder bei mir untergehakt, legten wir den Weg zum Haus zurück. Noch im

Flur rief er gleich nach der Kathi, ob sie uns einen Kaffee bringt.
Kathi! Kannst du für den jungen Mann und für mich einen Kaffee ins Arbeitszimmer bringen und ein Stück von dem Striezel dazu?
Aber die Kathi schmiss wieder bloß mit dem Geschirr rum und hörte nicht.
Kathi, was tust denn wieder?
Mit unseren Ziehtöchtern, sagt er, haben wir immer nur Pech gehabt, die Mali und ich. Kathi! Die Kathi ist peinlich mit ihrem Zorn, wir müssen halt ohne einen Kaffee weitermachen.
Wie am Tag zuvor saß ich zum Schreiben wieder an dem ans Fenster gerückten Tischchen.

Ja, das ist eine gute Frage von Ihnen, wann hab ich damals eigentlich zielstrebig angefangen zu schreiben, sagte Adalbert Stifter und nahm von einer Anrichte eine Flasche Kirschwasser und zwei sehr schön verzierte Gläser.
Wie ich mit dem Ziel der ständigen Veröffentlichung angefangen habe, sagte er, da muss ich schon fast fünfunddreißig gewesen sein.
Da drängte es dann voll aus mir heraus mit aller Macht.
Die Fanny?
Nein, zu ihr habe ich keinen direkten Kontakt. Sie ist verklärt, meinem Begehren entrückt.
Seine Fanny, sagte er und trank sein Glas bedächtig aus, sei zwei Jahre nach ihrer Hochzeit mit dem Herrn Kameralsekretär im Kindsbett gestorben.

Nein, ich hatte nach der Heirat mit der Mali keine feste Stelle.
Ich unterrichtete halt als Hauslehrer. In der Forstlehranstalt in Mariabrunn, wo ich gerne hingegangen wäre, da wollten sie mich ja nicht.
Mir waren andere Schranken bestimmt.

Also meine ersten schriftstellerischen Versuche wurden ja von den verständigen Lesern sehr freundlich aufgenommen. Es ist ein verführerisches Handwerk das Schreiben. Obwohl es mich ärger quält, zieh ich's doch dem Malen vor. Es wirkt heilsamer, und an manchen Geschichten, sage ich Ihnen, habe ich eine geradezu kindische Freude, dass sie mich stellenweise selber zu Tränen rühren.
Aber selten gelingt es mir so, wie ich will.
Tausend verschossene Kugeln, junger Krieger, sagte er zu mir, sind wie nichts, wenn aus ihnen nur eine einzige hervorgeht, die trifft. Das geht mir auch mit der *Mappe* so. Und deshalb schreibe ich um.

Journalfassung: Er schluchzt.
Studienfassung: Er weint.
Letzte Fassung: Er hielt inne.
Merken Sie was? Es geht hin zur Mäßigung.
Wie gesagt, grad bin ich wieder dran, zum vierten Mal in dreißig Jahren.
Schließlich bin ich ja nicht vermessen. Dauernd frage ich mich doch selber, ob das Zeugs denn auch was wert ist, und ich wälze es halt permanent um, biete es den Lesern an und hoffe, dass ich die erzielte Wirkung erreiche. So strapaziere ich mit abgeänderten Druckbögen fortwährend die Geduld vom Verleger Heckenast.

Mir ist meine Arbeit überhaupt die einzige Rettung geworden, nachdem ich für Europas Mächte, die abgesehen von Österreich, jeglichen Anstand haben fallen lassen, eine solche Verachtung spüre, dass ich einsam darüber geworden bin.
Ich dichte starke Menschen, und das stärkt mich selber.
Soviel zur Weltlage.
Vorbei, aus!
Ich rede nicht mehr von Politik und Krieg.

Bitte bedienen Sie sich doch mit einer Zigarre. Und noch einen Kirsch, junger Mann? Wenn uns die Kathi schon keinen Kaffee und keinen Striezel bringt. Ein milder Kirsch, der beruhigt die Nerven noch am ehesten. Oder hätten Sie lieber einen Marillenlikör, fragte mich Adalbert Stifter nach unserem Verdauungsspaziergang, damals in Linz.

Wissen Sie, was mich drückt? Mein Großvater ist zwar siebenundneunzig geworden, aber ich sorge mich jetzt schon dauernd. Verstehen Sie, ich sorg mich dauernd darum, was mit der Mali passiert, wenn mich ein Unfall trifft oder die Cholera oder falls ich an der sibirischen Pest sterbe, wenn die grassiert. Ob mein Nachlass genug einbringt, dass die Mali anständig leben kann?
Die Antiquitäten wird man verkaufen müssen.
Die alten Schränke bringen etwa dreitausend Gulden ein und die Gemälde zweitausend. Der Delphinschreibtisch, den Sie sicher vom *Nachsommer* her kennen, kommt auf wenigstens tausend. Wenigstens.
Es ist ja nicht so, dass ich nicht rechnen könnte, bloß weil ich Schriftsteller bin. Auch Wertpapiere, die ich für ein paar tausend Gulden gekauft habe, sind noch da.
Und Manuskripte im Wert von sechs bis achttausend Gulden. Der treue Heckenast wird mit meiner Witwe nicht markten und ihr ein Honorar dafür zahlen, denke ich.
Aber wenn der Heckenast den Preis doch nicht zahlen will, den ich auf den Deckblättern vermerkt habe, soll Aprent bei Cotta in Stuttgart anfragen. Aprent könnte auch meine Briefe herausgegeben.
Unser Schullesebuch, das wir zusammen machen wollten, das haben sie ja abgelehnt, diese Ignoranten mit ihren eingeschränkten Gesichtskreisen, sagte er.

Der Professor Aprent sei sein Freund, ein genialer Mensch, sagte er, aber er wünsche sich für die Finanzen und den

Nachlass einen jungen, kräftigen Menschen, der alles in die Hand nimmt und koordiniert.
Dauernd sorge er sich, weil seine Frau den literarischen Nachlass nicht verwalten könne. Sie lese seine Sachen nicht einmal. Sie lebe auf ihre Art, aber sie habe ein gutes Herz, und das sei für ihn mehr wert als alles andere.

Wissen Sie, wann diese tiefe Zuneigung, die ich für die Mali empfinde, angefangen hat? Ich will Ihnen das grad heraus erzählen. Ein einziger Satz nur von der Mali hat alles entschieden.
Als wir verlobt waren, merkte sie mit ihrer Feinfühligkeit natürlich, dass ich immer noch an der Fanny hing wie an einer edlen, machtvollen Toten.
Und können Sie sich vorstellen, was die Mali dann sagte!
Ich achte Ihre Offenheit und danke Ihnen, sagte sie zu mir, ich danke Ihnen, dass Sie Ihrer ersten Liebe treu geblieben sind.
Kein Wort von einem Vorwurf. Nur Großzügigkeit und Respekt von der Mali, und dazu ihr fleckenloser Lebenswandel. Deshalb verehre ich sie.
Eigentlich gehörte ich ihr ja erst nach dem Tod von der Fanny ganz. Ich habe dann zu ihr gesagt: Nun, meine schöne, liebe Frau, bitte ich dich nur um eins: Gebäre recht bald einen Knaben, der so schön ist wie du, und so lustig wie ich, dann ist alles gut bis auf ein Mädchen, um das ich dich auch bitte.

Seine Nerven seien so aufgewühlt plötzlich, ihm sei es doch eine Qual, wenn alle Erinnerungen so massiv vordrängten und die Wunden aufrissen.
Indem er sich in die Exaltationen hineinsteigere, werde der Mensch würdelos vor Gott und seiner Schöpfung, deshalb gelte es, das Katastrophische zurückzudrängen.

Er müsse an die *Mappe*, rief er außer sich und sprang auf. Mir war ganz deutlich, würde ich jetzt nicht gleich von selber gehen, würde er mich aus seinem Arbeitszimmer hinausjagen wie einen ertappten Dieb.
Ich muss jetzt an meinen Schreibtisch, rief er, sonst werde ich es nicht mehr bis zum guten Ende schaffen. Margarita will zu Augustinus sagen: *Was Ihr für ein herrlicher Mann geworden seid*!
Wenn ich wieder an der Stelle angekommen bin, will ich mich dem Tod ergeben.

Bedrückt verließ ich den Dichter. Wie für meinen Gemütszustand passend, brachte ein heftiger Wind Regen und Kälte, als wäre schon November.
Schauderhaft, dachte ich und stellte mir das ganz bildlich vor, Adalbert Stifter verbringt sein Leben als alter Bräutigam mit einer ewig jungen Toten. Ich wurde einfach die Vorstellung einer in ihrem Brautkleid aufgebahrten Leiche nicht los.
Im Gastzimmer numerierte ich meine Notizen, ich verbesserte, unterstrich und ergänzte manches aus dem Gedächtnis. Was sollte aus den vielen, hastig beschriebenen Blättern werden?
Ich machte mir schon damals im Zimmer des Gasthauses in Linz nichts vor: Für eine Veröffentlichung würde mir Stifter das Meiste nicht durchgehen lassen, was er mir, so fasste ich es auf, in seiner Alterseinsamkeit erzählt hatte.

Existierte das *sanfte Gesetz* wirklich nur in seinen Schriften?

Als mir nichts anderes zu tun übrig blieb, setzte ich mich unten in die Gaststube, die sich nach und nach belebte. Nach einer Flasche Wein war die Leiche in ihrem Brautkleid nicht mehr irgendeine Fanny für mich, sondern mein Mädchen, wegen dem ich nach Wien gezogen war, und das mich dann plötzlich nicht mehr haben wollte. Wie von einem dicken, modrigen Tuch wurde ich niedergedrückt. Ich weiß ich nicht mehr, wann und wie ich mein Bett fand.

Müde saß ich am nächsten Morgen bei Adalbert Stifter im Arbeitszimmer. Mir schien, dass auch ihm nicht wohl war. Er habe die ganze Nacht an der *Mappe* geschrieben, sagte er. Aber er bestand darauf, dass wir zusammen weitermachen, obwohl unsere Gespräche längst über das für den Aufsatz Notwenige hinausgingen.
Zweifellos mochte er mich, so wie auch ich für ihn fühlte wie für einen lieben, lange vermissten Verwandten.
Als hätte ich ihn an einer besonders schmerzenden Stelle hart angefasst, antwortete er auf meine vorsichtige Frage.

Er werde kinderlos sterben, und wie der Hagestolz keine Spuren hinterlassen im Ozean der Tage. Durch ihre Kinderlosigkeit habe ihn und seine Frau Mali ein tiefes, langes Leid getroffen.
Und an unseren Ziehtöchtern scheitern wir, sagte er leise, so ist das, junger Krieger.
Die erste Ziehtochter ist in die Donau gegangen, die zweite Ziehtochter ist an den Tuberkeln gestorben.
Jetzt lebt die dritte bei uns, was das bedeutet, haben Sie ja selber beim Essen erlebt. Wir haben immer nur ihr Bestes gewollt. Aber bei der Kathi gibt es keine Dankbarkeit ihren Wohltätern gegenüber. Unbeherrscht, unbeherrscht ist sie. Wenn es nicht bald besser wird mit ihr, muss die Mali sie fortschicken, das verlange ich. Ich ertrage den Zorn von der Kathi bald nicht mehr. Eher verlasse ich selber das Haus.

Zum Schreiben brauche ich Harmonie. Wenn ich verstimmt bin, summt es mir nämlich wie Fliegen im Kopf, und ich kann nur schlechtes Zeug machen.

Deshalb habe er sich auch dann von der Politik vollkommen zurückgezogen. Fort von Wien nach Linz, um ungestört zu schreiben. Februarrevolution in Frankreich, Märzrevolution in Deutschland. Und Seine Majestät musste aus Wien abreisen zu aller Bestürzung!

Könnte ich Ihnen nur zum zehnten Teil schildern, was ich gelitten habe seit März '48. Als ich gesehen habe, wie die Dinge laufen, wenn jeder Schlamm, jede Tierheit ein Recht haben will, bloß weil jetzt Freiheit herrscht. Ich habe das Frankfurter Werk von Anfang an für schwer gehalten, auch wenn ich zuerst als Liberaler begeistert war. Ja, sogar zum Wahlmann haben sie mich gewählt, haben Sie das gewusst? Aber dann hat sich alles Schlechte, Freche, Unmenschliche und Dumme breit gemacht.
Ein Staat darf keine Strafanstalt sein. Ein Staat hat die Pflicht, die Menschen zu führen, dass er Staatsbürger hat.

In Linz haben sie mich zum Volkschulinspektor ernannt mit 1.500 Gulden im Jahr. Und ich habe an den Novellen geschrieben. *Granit*, *Kalkstein*, *Turmalin*, *Bergkristall* und so fort. Genau diese Novellen waren meine Antwort auf die ganzen politischen Ereignisse.
Letztlich ist es doch die Unzahl von gewöhnlichen, immer wiederkehrenden, kleinen Handlungen, von der das *sanfte Gesetz* des Lebens hervorgebracht wird. Davon wollte ich schreiben: Vom sanften Gesetz, das den Menschen leitet. Und was für elende Grobheiten muss ich dafür erdulden!

Den ganzen Spott und Hohn:
Butterblumen und Käferpoet.
Seine Landschaften: in Wirklichkeit lauter nackte Frauen.
Weder kommen Fabrikarbeiter noch Polizisten vor.
Ein Komma im Frack.
Der altertümliche Stil ist ein Rückfall in die barbarischen Anfänge der Kunst.
Mit seinen Marotten gibt er ein böses Beispiel.
Statt das Fernrohr nimmt er das Mikroskop.

Ein wunderliches Stück Konfusion, eine pathologische Kuriosität.
Er kennt die Schranken seines Talents nicht.

Unserer Kaiserin, die etwas sehr Einfaches, Reines und Edles hat und die ich sehr verehre, haben meine Sachen gefallen. Das ist mein Lohn. Selber allerdings schätze ich den Grillparzer am höchsten ein.
Der Hebbel neigt zum Tragischen, sagte Adalbert Stifter, erwischt statt dessen aber immer das Widerwärtige. Den Hebbel lass ich. Ja, da ist schon so was wie eine Verachtung für ihn da. Aber ich balg mich nicht mehr rum.
Die Mali und ich, verstehen Sie, lieben unsere wohleingerichtete Häuslichkeit, und ich pflege meine Kakteen.
Glauben denn Sie, dass tatsächlich ein Unterschied besteht zwischen dem Großglockner und einem Sandkorn?
Übrigens hat es mich sehr gefreut gestern, dass Sie sich notfalls auch ein bisschen kümmern wollen wegen meinem Nachlass, wenn ich gestorben bin.
Junger Krieger, Sie vergessen die Mali und mich doch nicht, wenn Sie erst wieder in Wien sind?
Die Ärzte sagen zwar, ich sei gesund. Nur die Nerven seien angegriffen, und ich soll kalte Abwaschungen vornehmen in der Frühe und zimmergymnastische Übungen treiben. Aber ich habe oft so eine Furcht wegen der Mali, wenn sie dann allein bleibt.

Hilflos bemüht, die düstere Stimmung zu beleben, sagte ich gespielt treuherzig, aber im Innern bangend, er könne es schlecht aufnehmen:
„In meinen Träumen saß Adalbert Stifter einfach und ruhig, von sanftem Glanz beschienen, in einem gewölbten Gartensaal inmitten von Rosen und Orchideen und hatte keinerlei Sorgen. Und ich näherte mich ihm in Filzpantoffeln, auf einem Boden aus feinstem, bunten Marmor gleitend.“

Da lachte Adalbert Stifter schallend. Mir wurde ganz unheimlich zumute, so lange dauerte dieses Lachen, und die Putzi spitzte die Ohren und fing vor Schreck zu knurren an.
Nachdem er die Lachtränen aus den Augen gewischt und sich geschneuzt hatte, sprach er weiter, als hätte es meine Bemerkung gar nicht gegeben.

Schon ein paar Mal, sagte er, musste ich heut an den September denken, wie ich die Mali bei mir zu Hause in Oberplan vorgestellt habe. Da waren wir bereits acht Jahre lang verheiratet.
Und es herrschte ein solches Elend bei der Mutter und den Geschwistern, wie wir ankamen. Völlig ausgezehrt waren sie. Der Hagelschlag und die Viehseuche hatten gewütet.
Ich habe der Mutter dann alles Geld hergegeben, was ich hatte, so dass ich am Ende für meine Miete wieder um Beihilfe beim Heckenast anfragen musste.

Aber Sie merken selber, junger Krieger, mein Leben ist nicht gerade halsbrechend verlaufen.
Also, mir wär's am liebsten, Sie würden sich bei Ihrer Darstellung auf meine Arbeit konzentrieren und das Persönliche überhaupt weglassen, das ich Ihnen vermutlich nur deshalb erzählt habe, weil sie ein so sympathischer Zuhörer sind. Mein Doktor Augustinus, sagte er und blickte mich freundlich an.
Ja, manchmal war's schon eine komplizierte Taktik, um das Katastrophische zurückzudrängen.
Darauf habe ich meine eigentliche Lebenskraft verwendet: Mit der Suche nach dem Abglanz des Göttlichen in der Welt. Freilich nur so, im Zurückdrängen des Katastrophischen, kann es durch die Literatur zu der moralisch kräftigende Wirkung auf den Leser kommen, die ich immer beabsichtigt hab.

Was meinen Sie, sagte er zu mir, es würde doch reichen, wenn Sie in Ihrem Aufsatz für den Herrn Chefredakteur einfach schreiben, der Stifter war:

Königlich kaiserlicher Schulrat und Inspektor der Volksschulen
Konservator der Baudenkmale in Oberösterreich
Vize-Vorstand des Kunstvereins
Mitglied und Referent des kirchlichen Kunstvereins
Mitglied und Referent des Museums
Briefschreiber
Generalbevollmächtigter von der Mali
Gouvernante von zwei Hunden
Kakteenzüchter

Ja, wenn ich meine Kakteen mit der Lupe untersuche, werde ich abgelenkt von der Schwermut, die von der veralteten Galle kommt. Wahrscheinlich ist Ihnen meine Kakteennarrheit schon vom *Nachsommer* geläufig. Für mich hat die Blumenpflege so was Seelenfüllendes.
Aber ob ich ein Dichter bin?
Freilich ohne zu dichten, wäre ich gestorben. Aber ganz direkt war es ja kein Dichten. Ich hab immer nur herausgeschrieben, was da war.
Und manches wird halt angenommen von den Lesern und Kritikern, und das andere verschmäht. Ein System oder irgendwas Berechenbares gibt es meiner Ansicht nach da nicht. Aber trotzdem: Einiges will ich unter Verwendung des Alten schon noch mal neu schreiben mit der Zeit. Das hab ich fest im Programm.

Natürlich, das haben die schlauen Kritiker treffsicher erkannt: Meine Figuren fühlen nicht viel. Es ist ihnen geschenkt worden, dass sie nichts fühlen brauchen, dass sich so eine herrliche Leere um sie herum ausbreitet.

Ihnen stockt die Galle nicht, wie mir, sie essen nur so viele Leberknödel, wie sie bequem verdauen können und schwitzen nicht wie Ackergäule.
Keine sauren und bitteren Empfindungen auf der Zunge.
Nichts von schleichendem Schleimfieber.
Ja, Mensch, gerade deshalb sind es ja Figuren und keine richtigen Leute, sondern Vorbilder!
Sie reden nicht wie die Leute, sie kleiden sich nicht wie die Leute, und sie haben keine Probleme wie die Leute.
Glaubt man denn allen Ernstes, ich hätte je Leihbibliothekfutter schreiben wollen? Oder Schandliteratur?

Unserer ersten Ziehtochter, der Juliane, habe ich das Buch *Bunte Steine* gewidmet, weil ich hoffte, die Novellen würden sie moralisch kräftigen und auf die Höhe bringen. Die Juliane, ja, so war es leider, hatte nämlich einen geerbten Hang zur Verwahrlosung. Bereits mit elf Jahren ist sie uns einmal verlorengegangen, um die Weihnachtszeit. Zwei Wochen lang, es war furchtbar. Dieses Warten.
Da hoffte ich, wenn die Juliane in den *Bunten Steinen* erst einmal liest, was ich sonst nur an sie dran gepredigt habe, wird sie gewiss brav wie die Kinder in den Novellen.
Aber das Schicksal, sagte er, fährt auf goldenen Rädern, dem liegt nichts daran, ob die Menschen zusammengedrückt werden.

Freilich. Wenn man so alt ist wie ich, da hat es auch schon viele Tote für einen gegeben.
Mit dem Alter geht's mir immer näher.
Vor allem dieses gewaltsame Sterben.
An der Stelle von der *Mappe*, wo ich noch vorletzte Woche war, da deutete ich ja vor lauter Befürchtungen den Hängeversuch vom Augustinus nicht einmal mehr an! So was Selbstmörderisches wie in der Urfassung vor dreißig Jahren, denke ich heute, würde der Doktor nie erwägen. Dafür hat er

sein Tagebuch angeschafft, seine Einträge ins Tagebuch helfen ihm, die Exaltationen zurückzudrängen.

Ob die *Bunten Steine* die Juliane damals veränderten?
Was fragen Sie mich da, junger Krieger, sagte er zu mir.
Auf unserer Reise nach Triest hatte sie in Graz eine Halsentzündung. Das war ihre einzige Krankheit in den zwölf Jahren, wo sie bei uns war. Sie hätte die Freude unseres Alters werden können.
Die Juliane war fröhlich, lustig, hat gesungen und deklamiert im Vorhaus draußen und auf der Stiege.
Nur manchmal, da ist sie plötzlich so tief, tief rot im Gesicht geworden.
Achtzehn war sie, als sie dann in die Donau ging.

Schauerlich.
Ich fürchte mich vor dem Freitod wie vor nix sonst, sagte er.
Vier Wochen hat sie im Wasser gelegen. Nie vergesse ich den Tag, wie die Beschreibung ihrer Leiche kam. Wahrscheinlich hat sie sich umgebracht. Es ist nämlich ein Zettel bei ihr gefunden worden. Aber vielleicht ist sie auch im Irrsinn verunglückt. Bis heute höre ich nicht auf nachzuforschen.
Die Juliane war üppig, es hieß, sie sei schön. Aber sie war nie so wütig, wie die Kathi jetzt dauernd aufbraust. Keinesfalls haben die Mali und ich von ihrer Verwirrung irgendetwas geahnt. Wir machen uns bitterste Vorwürfe, bis heute.
Vielleicht war die Ursache eine Übersetzung der Menstruation ins Gehirn?
Oder ein gestörtes Sexualleben?
Oberhalb von Mauthausen am Ufer, da hat sie gelegen laut Beschreibung von ihrer Leiche.
Ich muss es halt registrieren, dass meine Novellen keinerlei Vorbilder bei der Juliane hervorgerufen haben. Und auch bei

der Kathi: Nichts von Liebe, Vertrauen und Ergebung. Kein Dank. Nichts.

Ganz zermalmt, sagte er nach einem langen Schweigen, ganz zermalt fühle er sich jetzt wieder und reizbar. Vielleicht hätte ich mich doch nicht so veräußern sollen. Nehmen Sie es mir nicht übel, junger Krieger, es kommt heute nur noch Unsinn raus.
Wir müssen abbrechen, denn Augustinus und Margarita warten auf mich.
Ja, auch wenn ich's fürchte.
Aber mir dürfen besonders in den Nebendingen keine Widersprüche passieren. Davor habe ich Angst, dass mir in den Nebendingen Ungereimtheiten durchgehen. Der Augustinus war gestern maßlos zornig und Margarita wollte sich zu Tode weinen. Das darf nicht ihr Ende sein.

Adalbert Stifter meinte, dass ich am nächsten Tag noch einmal zu Besuch käme. Auch Frau Amalia hätte sich sehr darüber gefreut, mich wieder am Mittagstisch dabeizuhaben. Beide waren überrascht, als ich sagte, ich müsse ganz dringend nach Wien zurück.
Aber nach den juristischen Examen im Frühjahr kommen Sie wieder zu uns nach Linz. Das ist doch versprochen?

Leben Sie wohl bis dahin, Gott bewahre, segne, schütze Sie, sagte er. Und: Bitte, vergessen Sie die Kommission mit dem Hütchen nicht, und schicken Sie mir ihre ausgedruckten Bögen bald zu, damit ich unmittelbar an die Korrektur von ihrem Aufsatz drangehen kann. Sonst fahre ich ab zum Schluss und bin kein Schriftsteller gewesen. Meine Empfehlung und meinen Dank übrigens auch an den Herrn Chefredakteur!

Trotz einigem Hin und Her mit den Druckbögen kam es dann doch nicht zur Veröffentlichung meines Aufsatzes in

Kunst & Literatur. Gleich mit der ersten Rückpost hatte mir Adalbert Stifter im Postskriptum geschrieben: Und lassen Sie sich von mir altem Pedanten nicht entmutigen, junger Krieger! Ich schreibe auch seit dreißig Jahren um.

Diese Herausforderung nahm ich sportlich an, aber schon vor Weihnacht kam keine Antwort mehr auf meine umgearbeiteten Druckbögen, und es war nur eine feige Ausrede vor mir selbst, dass ich wegen meiner mündlichen Examen, die ja erst im Frühjahr bevorstanden, nicht nach Linz zu ihm fahren könnte. Aus einer tiefen Scheu heraus habe ich Linz bis zum heutigen Tag nicht mehr besucht. Spätestens als auch meine Neujahrspost nicht von Adalbert Stifter beantwortet wurde, trug ich die furchtbare Ahnung mit mir herum, aber ich handelte nicht nach meinem Gewissen.

Wäre ich doch nach Linz gefahren!
Ihm wenigstens noch einmal geduldig zuhören, das hätte ich können: Mit dem weißen Hündchen auf dem Arm im verdunkelten Sterbezimmer sitzen und zuhören, während Frau Stifter in ihrem violetten Seidenkleid zu einer Freundin flüchtet und während die Kathi mit dem Abwaschgeschirr um sich wirft.
Aber statt dessen bin ich in mich zusammengefallen und reglos in Wien sitzen geblieben, denke ich im Nachhinein.

Als Ende Januar die Todesnachricht kam, spürte ich im ersten Moment nur Erleichterung von meiner drückenden Seelennot. Nichts mehr fühlen müssen. Ich sah ihn daliegen als eine vollendete, beruhigte, geistige Gestalt, wie sie ihm immer als Ideal vorgeschwebt war.
Er hat nicht mehr die Kraft aufgebracht, Margarita noch einmal sagen zu lassen: *Was Ihr für ein herrlicher Mann geworden seid*!

Es hieß, Adalbert Stifter habe durch einen beherzten Schnitt mit dem Rasiermesser seinen Tod beschleunigt.

Den Nachruf, der dann statt meines prospektierten Aufsatzes in der Frühjahrsausgabe 1868 von *Kunst & Literatur* erschien, verfasste der Chefredakteur selbst.

Zwölf Stunden im Leben einer Schriftstellerin

7.00
Immer noch diese erpresserische Luft, denke ich beim Aufwachen. Einatmen, ausatmen. Einatmen, ausatmen, mal flacher, mal tiefer. *Du danke Gott, wenn er dich presst.* Keine Empfindung sonst. Dabei ist doch alles komplett. Der Darm tut ein freundliches Geräusch, so melodiös wie die Stimme meiner Großmutter, wenn sie mich rief. Also raus aus dem Nest. Nach dem Duschen dann jucken die Ohrmuscheln wieder. Gierig wie zwei Verhungernde saugen sie nach Fett. Nur noch vage Vorstellung vom Bauchnabel, der seit Jahren in einer Hautfalte vergraben ist. Kampfer gegen den Hexenschuss. Bloß nicht in den Spiegel sehen. Rasch angekleidet und ordentlich Rouge auf die Wangen gestäubt. So frühstücke ich gesund im Zigarettendunst.

8.00
Mit dem Staublappen das Haus gesegnet, Bett glattgestrichen. Ihr Glück: Auf dem Tuch kullern keine Samen mehr von fremden Socken. Vielleicht lässt sich der Tod doch durch Putzen und Räumen aufhalten?
Dann endlich an den Schreibtisch gerettet: Mangelndes Talent muss durch Fleiß wettgemacht werden. Jedenfalls unverdrossen Texte veröffentlichen, die nichts kosten und die nichts bringen, als gäbe es nichts Nützliches zu tun auf der Welt. Dabei siegen doch immer die Männer bei den Kungeleien. Von Stadtschreiber zu Stadtschreiber. Land auf. Land ab. Die Literatur, schreibt Ingeborg Bachmann, ist so schmutzig wie Waffenhandel.
Ich frage mich, wer all den Quatsch immer lesen soll.

9.00
Etwas Erleichterung durch den Gedanken, dass Gott vermutlich doch keine Ziege ist. Ich will so gern sein blondgelockter Dienstengel sein.
Die Märzsonne wärmt mir den Rücken, die Kampfersalbe dampft gemütlich vor sich hin.
Anruf vom Landtag wegen unserer Veranstaltung mit Dr. Salomon Korn. Synagogenbau nach 1945. Will er Dias zeigen? Vorher Schnittchenessen beim Präsidenten? Danach Empfang für alle? Am Ende werden über den Brezeln, dem Wein und allem Hurra wieder die Spenden für unseren Neubau vergessen, um die es doch eigentlich geht. Skrupellos will ich diesmal selbst mit einem Körbchen die Runde drehen.

10.00
Mails beantwortet. Routinemäßig meinen Namen eingegoogelt. 197 Einträge. Das gibt mir Bedeutung. Unter *Kritische Ausgabe* hat sich so ein Früchtchen viel Mühe damit gemacht, meinen Roman *Linda Haselwander* zu verreißen. Scheitern am Klischee. Stereotyp süßlich. Den Kitsch abrunden usf.
Natürlich sind auch Kritiker nur Menschen. Sie leiden an Verdauungsstörungen, haben ihre sexuellen Hemmnisse und können sich schon mal irren. Diese Herren, gelegentlich in Frauengestalt, hassen ihre Arbeit genauso wie sich selbst, denn eigentlich wollen sie alle nichts anderes als selber Romane schreiben, um die mit ihren Vorstadtemotionen prall gefüllten Druckkammern zu entlasten. In den Redaktionen, behaupte ich, haben sie alle ihren unveröffentlichten Roman und vom Toskanaurlaub her das Material für zwei, drei Gedichtbände in der Schublade.

11.00
Beim Nachrichtenhören schon die mittäglichen Broteinheiten verzehrt.
Heute vor fünfzig Jahren fand in New York die Uraufführung von *My Fair Lady* statt. Damals war ich drei und trug ein Dirndl, das mir meine Mutter zum Geburtstag genäht hatte.
Bundeskanzlerin Merkel, aller deutscher Mädel Zierde, trifft heute Klinsmann (unseren WM-Fußballtrainer) zu einem Informationsgespräch.
Post von einem unserer Vereinsmitglieder. Spende für die Synagogenstiftung: 1000 Euro. Mein Tag ist gerettet. Hurra, das Leben ist doch nicht sinnlos.

12.00
Die nette Sigrid Fahrer vom Literaturbüro ruft an. Ich lese ihr einen kleinen Text in den Apparat, der dann im Kulturtelefon zu hören sein wird. Vier Minuten, zehn Sekunden. Da ich vorher geübt habe, werden keine Schnitte nötig sein. *Ihr Au und O kennzeichnet sie sozial.* Auch mit mir hat sich Pygmalion Mühe gegeben. Mein Thema natürlich: Die Synagoge für Mainz. Ein geschichtlicher Auftrag ist zu erfüllen usf. Wo ich bin, ist auch das Synagogenprojekt.
Sigrid fragt nach meiner Kontonummer, denn für meinen Beitrag gibt es 25 Euro Aufwandsentschädigung. Wen würde es stören, wenn eine Schriftstellerin streikt, so wie die Müllabfuhr und die Ärzte? Ich wäre keinesfalls besessen genug, wegen eines Schreiblebens zu hungern. Mich ängstigt die Vorstellung, arm zu sein. Wäre ich arm, müsste ich in einem Zimmer, an dem eine Autobahn vorbeitobt, Pornos schreiben. Ich müsste wie eine in Woodys Filmen einem Cheflektor, der bereits drei Ehen und fünf Psychiater hinter sich hat, einen blasen, und meine Gallensteine würden mir von einem Medizinstudenten im Probejahr herausoperiert, da die Künstlersozialkasse die Chefarztkosten nicht übernimmt.

13.00
Arbeit an meinem Radiofeature über die Chagall-Fenster in St. Stephan zu Mainz. *Ein Jude malt Jesus*. Hat Chagall nach der Schoa je deutschen Boden betreten? Konnte er Jiddisch? Wie konnte er dazu gebracht werden, ein Kunstwerk für ein deutsches, christliches Gotteshaus zu schaffen? Was meint er mit der Kreuzigung? Noch zwei, drei Interviews fehlen. Vor allem eine weitere Frauenstimme ist nötig.

14.00
Ich höre eine CD mit alter Klezmermusik. *Gefilte Fisch. Gefilte Fisch*. Der Titel passt gut zu der vom Chassidismus geprägten Jugend Chagalls. *Witebsk, bleib allein mit deinen Heringen*!

15.00
Besuch von der kleinen Nachbarin. Sie interessiert sich für mein Aufnahmegerät. Ja, da will sie auch hineinsprechen. Zuerst nur Unsinn. Plötzlich sagt sie ein komplettes Gebet auf, ohne zu stocken. *Deine Gnad und Jesu Blut, machen allen Schaden gut.* Den Satz kann ich für das Feature gebrauchen, der stärkt die Zuversicht.

16.00
Anruf von Monsignore Klaus Mayer. Also. Wen ich denn schon alles für das Feature interviewt hätte. Welche Quellen ich benutze. Natürlich lasse ich mich von ihm ausfragen wie ein Kind. Im Lauf des Telefonats sitzen wir beide mit den gleichen Büchern da und verhandeln. Was ist mit den Reliefs der zerborstenen Glocke, die im Kreuzgang liegt? Schlagen Sie mal auf Seite 490 nach. Also „Versöhnung“ können Sie nicht schreiben, der Begriff ist zu stark. Für Chagall war es höchstens eine Annäherung, die er sich abgerungen hat. Wir verabreden ein Interview für nächsten Dienstag. Lachend

sagt er, für die Frauenstimme, die ich noch benötige, könne er vielleicht sorgen. Er will Frau Seelig fragen, die ja Marc Chagall auch persönlich kennengelernt hat, ob sie mitmacht.

17.00
Wäsche aufgehängt, den Müll rausgetragen und die Kellertreppe gefegt. Minusgrade, beißende Kälte, sogar vereinzelte Schneeflocken werden geschickt. Dieser Winter scheint kein Ende zu nehmen, soviel sich die Vögel mit ihrem Gezwitscher und ihrem hektischen Herumfliegen auch um Frühlingsstimmung mühen.
Auf keine Frau wird der Begriff „Hausfrau" besser passen als auf mich. Ich bin immer nur froh, wenn ich nicht hinaus muss. Drin im Haus habe ich doch alles, was ich brauche. Meine Mutter sagte oft, ich sei schon als alte Frau zur Welt gekommen.

18.00
Mein Mann kommt von der Arbeit nach Hause und fragt, was ich heute gemacht habe. Ja, was habe ich denn gemacht?

19.00
Anruf von Dr. Salomon Korn. Sein Vortrag im Plenarsaal wird 90 Minuten dauern. Er braucht dazu zwei Diaprojektoren. Zwei. Für längliche Kassetten. Dazu zwei Leinwände, Verlängerungskabel, Ersatzbirnen, Laserpointer. Könnten Sie bitte auch den MP, den OB und den Kardinal in meinem Namen einladen?
Mein nächster Morgen ist gerettet. Was mache ich nur dauernd.